KB126393

만만파파식적과
간 뜯어 먹히는 용

친구와
함께 읽는
고전
004

만만파파식적과 간 뜯어 먹히는 용
-《삼국유사》 단단히 읽기

펴낸날 | 2018년 4월 27일

원저 | 일연
지은이 | 이양호

편집 | 김관호, 정미영
일러스트 | 김소영
마케팅 | 홍석근
디자인 | 랄랄라디자인

펴낸곳 | 도서출판 평사리 Common Life Books
출판신고 | 제313-2004-172 (2004년 7월 1일)
주 소 | 서울시 마포구 성산로 2길 39 금풍빌딩 7층
전 화 | 02-706-1970 팩 스 | 02-706-1971
전자우편 | commonlifebooks@gmail.com

ISBN 979-11-6023-239-4 (03160)
ISBN 979-11-6023-224-0 (세트)

친구와
함께 읽는
고전
004

만만파파식적과 간 떨어 먹히는 용

《삼국유사》 단단히 읽기

일연 원저 | 이양호 지음

평사리
Common Life Books

일러두기

- 이동환 교감《교감 삼국유사》(민족문화추진회, 1982)를 저본으로 삼았습니다. 본문에 인용된《삼국유사》의 원문 출전 페이지는 별도로 밝히지 않았습니다.
- 《삼국유사》 원문 인용에 있는 일연의 주는 괄호에 넣고 '일연 주'라고 표기하였습니다. 표기되지 않은 것은 지은이가 붙인 것으로 따로 명기하지 않았고, 편집자가 붙인 것은 '(—편집자)'라고 표기했습니다.
- 인명과 지명은 〈한글 맞춤법 외래어 표기법〉에 따랐으나, 일부는 한자어 발음을 따랐습니다.
- 《삼국유사》 원문 인용에 있는 조목명은 "【 】"에 넣어 표기했습니다.

들어가는 글

결국은 세계사적인 일로 드러날 싹이 1206년에 둘이나 돋아났다. 칭기즈칸이 몽골을 통일하고 '칸'에 오른 게 하나이고, 일연 스님이 탄생한 게 또 다른 하나이다. 칭기즈칸에 의해 세계는 완전히 지각 변동을 했다. 눈에 확 뜨인다. 일연 스님은 《삼국유사》를 썼다. 눈에 잘 뜨이지 않는다. 그런데도 세계사적인 일인가?

《삼국유사》의 나타남은 분명 세계사적인 일이다. 일연은 그때껏 없었던 '역사 서술 방식'과 '역사를 보는 눈'을 확실히 보여주었다. 일연은 한 이야기로, 한 왕의 시대를 갈무리했다. 이런 역사 서술은 일연에게서 비로소 완벽한 꼴을 갖추어 나타났다.

그보다 먼저 그 싹을 보여준 사람은 있었다. 헤로도토스가 《역사》에서 이야기를 역사에 도입했고, 사마천은 《사기》에서 에피소드를 가지고 한 인물을 집약적으로 조감해 보여주었다. 한신이 가랑이를 기었던 이야기, 항우가 홍연에서 유방을 대했던 이야기에서, 우리는 한신과 항우를 한눈에 조감할 수 있다. 이렇듯 이야기와 에피소드가 역사 서술에서 큰 구실을 한 경우는 있다. 하지만 한 이야기만으로 한 왕의 시대를 갈무리해서, 한 왕조를 줄곧 그렇게 기술한 역사책은 없다. 작가 김훈도 《삼국유사》의 이런 역사 기술 방식을 주목해 다음처럼 말했다.

> 《삼국사기》는 사실의 편에서 쓴 사람의 기록이고, 《삼국유사》는 아름다움의 편에서 쓴 사람의 기록이다.*

같은 시대를 다루었는데 전혀 다르게 표현했다는 거다. 다르게 한 표현은 당연히 다른 모습을 보여준다. 예리한 칼로 사실만을 잘라내(김부식은 그의 생각은 따로 분리해 썼다) 보여주는 책이 《삼국사기》라면, 사실을 이야기 주머니 속에 넣어 익히고 숙성시키고 발효시켜 내놓은 책이 《삼국유사》다.

확실히 《삼국유사》는 문학적인 형상화가 보여주는 아름다움을 품고는 있지만, 그런 역사서술 방식은 일반적인 역사 서술이라는 관점에서 봤을 때 김부식의 그것에 한참 못 미친다. 그런데도 일연

* 《채널예스》 〈작가와의 만남〉, "내 젊은 날의 숲—김훈", 2010. 12. 30.

은 새로운 역사 서술 방식을 창안해 냈다. 김훈 선생의 말마따나 아름다움을 드러내 보이고 싶어서였을 것이다. 야만이 판치고, 진흙탕이 널려 있는 역사이지만, 그것을 감싸고 있는 아름다움을 보여주지 않으면 안 되겠다는 스님의 대자대비大慈大悲한 마음이, 그런 역사책을 쓰게 했을 것이다.

스님이 역사책을 썼다는 것부터 기이한 일이다. 스님과 역사책은 너무도 어울리지 않기 때문이다. 지금 눈앞에 버젓이 '있는 것'에서도 그것의 무상無常함, 즉 '사라지고 있는' 사태를 보는 게 스님의 일이라면, 지나가버린 것조차 붙들고 와 그것을 영원화하는 게 역사다. 역사책이란 무상한 것을 영원히 있게 하는 것이다. 동서양의 이름 높은 역사가 역시 역사책을 쓰면서 이점을 또렷이 했다.

사마천은 한 인간의 삶이 무상하게 휘발해 버리는 것을 두고 볼 수 없어서, 《사기》를 지었다. 《사기열전》의 첫 조목인 〈백이열전〉에서 그는 이점을 또렷이 했다. 공자 같은 분이 백이의 이름을 높여주지 않았다면 백이의 이름도 남지 못했을 것이라고 했다. 그러면서 사마천 자신이 《사기》를 쓴 까닭이 어디에 있는가를 내비쳤다.

"사람의 이름이 인멸되어 일컬어지지 않는 것은 슬픈 일이다."

이 점, 서양의 역사가도 똑같다. 역사의 아버지라 일컬어지는 헤로도토스가 지은 《역사》는 다음처럼 시작한다.

"이 책은 헤로도토스의 조사 연구 보고서이다. 그 목적은 사람들의 행적이 시간이 지나면서 인멸되는 것과 그리스인 · 비그리스인들의 놀라운 업적들이 사라지는 것을 막는 데 …… 있다."

불교는 그러면 역사에 대해 뭐라 말하는가? 과거는 지나가버린 것이기에 없고, 미래는 아직 오지 않은 것이기에 없고, 현재만이 있는데 그 조차도 찰나에 명멸한다고 말한다. 이게 불교다. 한 마디로 색즉시공色卽是空(있다고 여겨지는 모든 것은 연기처럼 흩어진다)이다. 물론 공즉시색空卽是色도 말한다. 하지만 색色, 즉 '우주에 있는 온갖 것'이 다 그것 그대로 아름답다고 말하고 싶어서 이 말을 하지, 그것들을 분별하거나 영원히 붙잡으려고 공즉시색空卽是色을 말하는 것은 아니다.

하지만 역사책은 옳고 그름을 가려야 한다. 객관적 언어로 쓰든, 문학 언어로 쓰든 그 밑엔 옳고 그름에 대한 판단이 깔려있는 게 역사책이다. 악마도 부처도 없다고 여기는 불교 입장에선, 옳고 그름을 가리는 춘추필법, 즉 역사의 엄정함은 받아들이기 쉽지 않다.

그래서 그런지 종교·철학 책이나, 스님들의 일대기, 시詩를 쓴 스님은 많아도, 역사책을 쓴 스님은 쉬 찾아지지 않는다. 스님이 역사책을 쓴 게 얼마나 엉뚱하다고 여겼으면, 당대 문장가인 민지가 왕명을 받아 짓고, 그것을 빗돌에 새긴 글에 《삼국유사》란 책은 언급조차 하지 않았을까? 일연 스님의 행적을 알리는 글인데도 말이다.

왕희지의 글씨를 한 자 한 자 모아서 빗돌에 새길 정도로 정성을 들였으며, 그의 편·저서가 100여 권임을 알리고 그 중 7종 72권의 목록은 하나하나 밝혔으면서도, 그랬다.

더구나 일연 스님은, 신라에 선불교의 문을 연 도의선사가 세운 가지산문에 출가한 선승이다. 선불교의 고갱이는 불립문자不立文字(말과 글을 세워 무엇을 하려하지 않는다는 뜻)가 아닌가. 글과 말로는 풀 수 없는 화두(말머리, 즉 깨달음을 위한 주제)를 들고, 온 우주를 깨치려 하는 게 선승이다. 그런데 일연 스님은 그냥 책도 아니고, 역사책을 썼다. 왜일까?

특이한 삶이 있는 곳엔 언제나 특이한 물음이 앞서 있다. 그 물음이 무엇이었는가는 그의 행위를 들여다보면 알 수 있다. 역사책을 썼으니, '역사란 무엇인가?'가 스님의 물음이었다 하겠다. 스님은 이 물음덩어리를 한두 해 잠깐 품은 게 아니다. 《삼국유사》 연구에 필생을 건 고운기 선생에 따르면, 일연의 바랑 속에는 '《삼국유사》의 원자료'가 적어도 40년 동안 들어 있었다. 스님은 '역사의 뜻은 무엇인가?'를 40년 동안 물었던 것이다. 그런 다음, 이 세상에서 입었던 옷을 벗어야 할 일흔 언저리가 되어 그 보따리를 풀어 집필하기 시작하고, 여든이 넘어 역사책 《삼국유사》를 끝맺었다.

이만하면 '역사란 무엇인가?'는 스님의 화두였고, 《삼국유사》는 그 오도송悟道頌(깨달음을 읊은 시)이었다고 할 수 있겠다. 무엇이 그로 하여금 화두 모음집에도 없는 화두를 들게 했을까?

선승은 어떤 경우에도 과거에 살지 않는다. 미래에도 살지 않는다. 현재에만 살 뿐이다. 그런데, 현재가 지옥이었다.

무신들에 의해 일망타진된 문신들·권력을 쥐려고 살해하고 살해당하는 무신 집권자들·여기저기서 터져 나오는 농민과 노비의 봉기·6차에 걸친 몽골의 침략과 패배·몽골의 부마국이 되어 땅바닥에 떨어진 자존감·몽골의 명을 받드느라 국력을 탈탈 털어 일본을 두 번이나 침략했던 부끄러움·그리고 몰살, 그때의 일을 쓰는 것도 버겁다.

이 지옥을 벗어나는 길은, 혼자가 아니라 지옥을 살고 있는 이 땅 모든 사람들과 함께 벗어나는 길은 무엇인가, 이 처절한 물음이 솟아나올 때 '역사의 뜻'을 묻지 않을 수 없다. 역사가 밝혀지지 않는다면, 역사를 보는 눈이 생겨나지 않는다면, 사람들은 이 지옥에서 서로가 서로에게 짐승으로 있겠기 때문이다. 설사 잠시잠깐 평온해진다 하더라도, 제대로 된 '역사의 눈'이 없으면 오래지 않아 사람들은 다시 지옥에 살 것이다. 그때를 철저하게 살았던 스님의 대자대비한 마음이, 역시 철저한 화두인 '역사'를 들게 한 것이다.*

* 이양호 지음, 《삼국유사, 역사의 뜻을 묻다》(평사리, 2014), 12~13쪽.

지금 우리에게 일연은《삼국유사》로 인해 있고,《삼국유사》는 일연으로 인해 있다. 그런데 일연을 기리는 빗돌에,《삼국유사》를 지었다는 기록이 없다.

일연의 유언 때문이었다고 한다. 당신이 죽거들랑, 빗돌에《삼국유사》에 대해서만은 새기지 말라고 하셨단다. 당시 백성들 입에 오르내린 말이다. 그래서 그랬을 것이다. 스님의 비문에 그 분의 저서가 100여 권임을 알리고 그 중 7종 72권의 목록을 하나하나 밝혔으면서도《삼국유사》란 책 이름이 보이지도 않는 것은. 그는 왜 그런 유언을 했을까?

우리 민족을 살릴 수 있는 비밀이《삼국유사》에 들어있는데, 딴 나라에 의해《삼국유사》가 불살라질 것을 염려해서 그랬다고들 한다. 그 당시를 살았던 백성들이 입에서 입으로 전해준 말이다. 정말일까? 참말로, 그가 그런 유언을 남겼을까? 참이든 아니든, 이 말은《삼국유사》가 밝힌 역사의 뜻이 무엇인지를 대번에 알아챈 백성들의 힘겨운 마음을 거쳐, 우리의 귀에 들려왔다.

놀랍게도, 비문에 새겨져 있는 그 많은 스님의 책 중 남아있는 게 없다. 최근에 일본에서 다른 이의 글과 섞여있는 채 발견된《중편

조동오위》[*]를 빼면, 그렇다. 스님의 책은 단 한 권, 그 빗돌에 코빼기도 비치지 않았던《삼국유사》만이 온전하게 남아 우리의 눈과 마음을 끌어당기고 있다.

'단단히 읽기' 방식으로《삼국유사》 전체를 한 권에 담을 수는 없다. 몇 개의 이야기만을 고를 수밖에 없어, 〈기이〉 편에서 대부분을 골랐다. 일연 스님 자신이 역사의 흐름을 염두하고서 〈기이〉 편을 썼다고 여겨서이다. 몇 개의 이야기만을 다뤘지만, 다룬 이야기는 글자 하나도 빼지 않았다. 한 이야기 전체를 온전히 다뤘다. 그럴 때만 그 이야기를 제대로 읽은 것이고, 그걸 통해 깊이 있는 헤아림이 생긴다고 여기기 때문이다.

먼저, 우리 '모둠살이(신화학자 이윤기의 표현)'의 근원 샘인 〈단군신화(단군사화)〉를 그윽한 눈으로 오랫동안 살폈다. 국가주의나 민족주의를 내세우기 위해서 그런 것이 아니다. 〈단군신화〉는 민족주의와는 아무런 관계가 없다. 오히려 민족주의를 배척한다. 〈단군신화〉는 세계시민시대를 떠받치고 나갈 든든한 버팀목이고,《삼국

* 일연이 조동종曹洞宗의 오위설五位說을 보완한 책이다. 일연은 오위설에 각각 군신君臣을 대비시켜 군신오위설로 설명하며, 조동선의 극치를 '군·신·도道가 합해진 경지'로 보았다. 나라와 민족에 대한 의식이 강했음을 엿볼 수 있다. 우리나라 조동종은 수미산 계열의 스님들이 중시했는데, 일연은 가지산의 맥을 이었다. 선의 전통으로 보면 일연이 조동설에 주석을 단다는 것은 매우 이례적이다. 그의 사상이 종합적이었음을 알 수 있다.

유사》의 정수리이다.

다음은 〈거문고 갑을 쏘아라〉를 골랐다. 이 이야기를 통해《삼국유사》가 역사를 드러내는 방식을 전형적으로 볼 수 있어서이다. 또한 〈거문고 갑을 쏘아라〉라는 말에 얽힌 비밀을 통해, 당시 신라 사회를 깊이 들여다보는 것은 꽤 구미가 당기는 덤이 될 것이다. 〈지철로왕(지증왕)〉과 〈원종(법흥왕)이 부처님의 법을 일으키고, 염촉(이차돈)이 몸을 바치다〉를 통해서는 사람들이 일반적으로 알고 있는 것이 잘못이라는 것을 알게 될 것이다. 베인 이차돈의 목에서 품어져 나온 건 '흰 피'가 아니었다. 이차돈은 단순한 순교자도 아니었다. 이차돈과 그의 목을 벤 법흥왕 사이에 긴밀한 협의가 있었다.

〈만파식적〉과 만만파파식적엔 대나무의 변신을 통해 이룬 '평화의 정치'가 들어있다. 삼국을 하나로 만들기 위해 필요한 게 무엇이었는지를 볼 수 있다. 그 소리가 들리면 온갖 근심거리가 사라진다는 만파식적의 정체가 무엇인지를 아는 것, 중요하다. 지금도 그것이 이 땅에 있다는 것을 아는 것은 더 중요하다. 평화의 시대를 살아야 할 우리가 물려받은 귀중한 자산이기 때문이다. 〈성덕왕〉과 〈수로부인〉엔 우리 모둠살이가 가꾸어 온 '우리의 얼굴'이 들어 있다. 지금 우리의 얼굴과 맞비춰볼 수 있을 것이다.

마지막은 내리막이다. 이 세상에 태어난 것 치고 내리막길을 걷지 않을 것은 그 어디에도 없다. 다만 그 시간을 한참 뒤로 미루고,

내리 쏟는 내리막길을 조금은 더 평탄하게 할 수는 있다. 역사 공부를 하는 까닭이리라. 〈경덕왕과 충담사와 표훈대덕〉에서 우리는 한 나라의 정신을 책임진 사람의 얼굴이 망가졌을 때, 그 나라가 어떻게 되는지를 볼 것이다. 〈혜공왕〉에서는 나쁜 열매는 전 시대에 이미 뿌려진 것이 자란 것일 뿐이고, 〈진성여대왕과 거타지〉를 통해서는 한 나라가 저물어갈 때 어떤 일이 일어나고 있는지를 확인했다.

그런 수렁 속에서도 사람들은 내일을 꿈꾼다. 〈작제건 이야기〉에서 우리는 새 시대를 열어가는 힘이 무엇인지를 알게 된다. 이제 《삼국유사》는 이 땅이 없어질 때까지, 이 땅에서 우리의 꼴꼴한 정신을 키울 것이다. 백성들이 바라고 예언했던 《삼국유사》의 값을, 불에 타지 않은 《삼국유사》를 읽은 이 땅의 젊은이들이 증언해 갈 것을 믿는다. 지금 당장부터. 깊이 있는 통찰은 그 시작이다.

탄탄한 원고를 만들어준 평사리 정미영 편집자와 공들여 그림을 그려준 김소영 작가에게 고마운 마음을 새긴다.

이양호 손모음

이 책에 실린 《삼국유사》 조목

- 고조선(왕검조선)
- 거문고 갑을 쏘아라
- 지철로왕(지증왕)
- 원종이 부처님의 법을 일으키고, 염촉이 몸을 바치다
- 만파식적
- 성덕왕
- 수로부인
- 경덕왕과 충담사와 표훈대덕
- 혜공왕
- 진성여대왕과 거타지

| 차 례 |

05 만만파파식적의 소리여, 퍼지라

06 거룩한 왕의 시대, 거룩한 여인

07 하늘길마저 끊어버린 욕망이여

08 괴물 여우를 없애줄 자 누구인가

부록

일연의 배낭 속에 담긴 '역사의 뜻' 찾기

온전한 사람과
하나의 나라

권력도 꿀꺽!
재물도 꿀꺽!

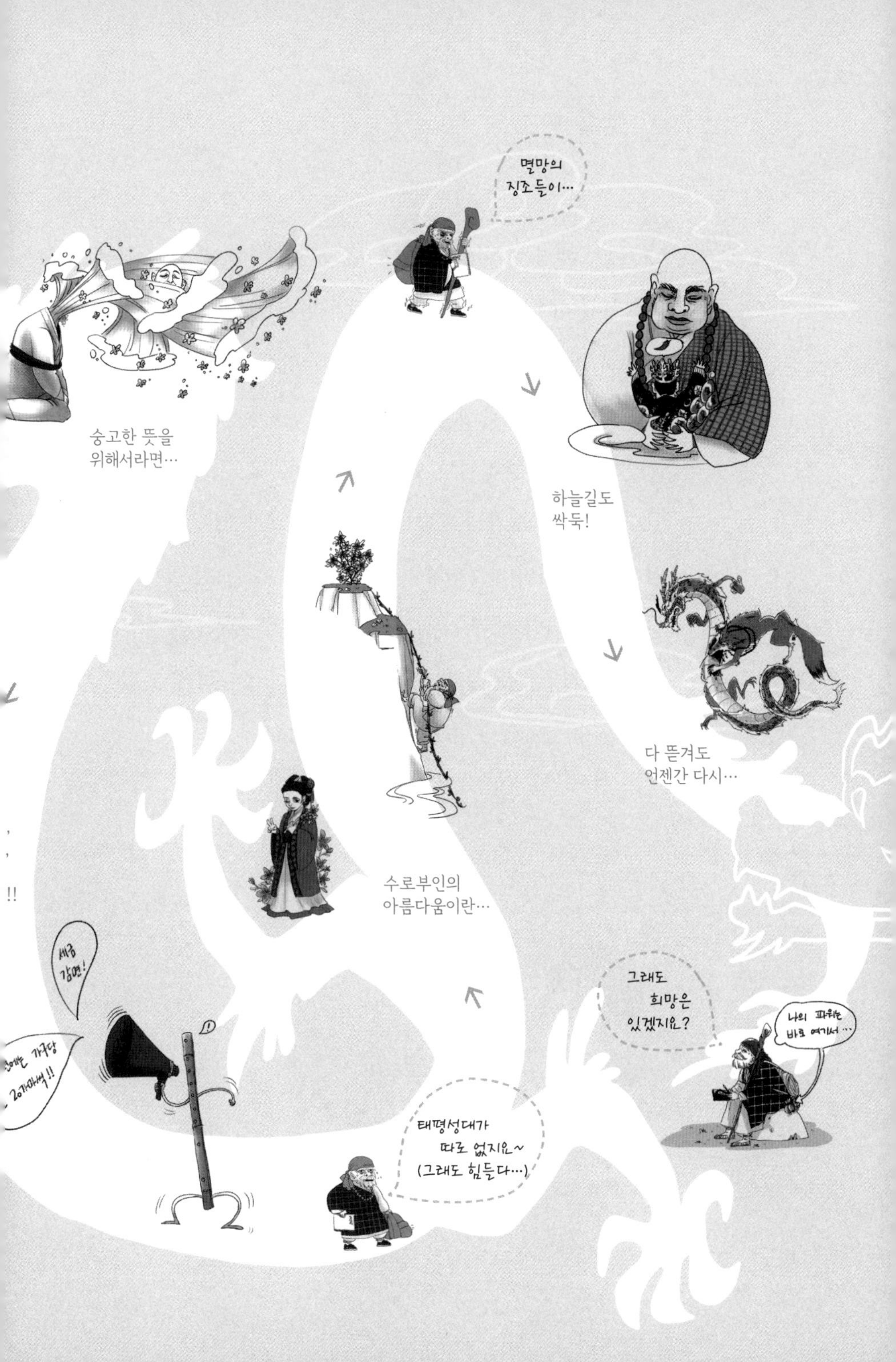
숭고한 뜻을
위해서라면…
멸망의
징조들이…
하늘길도
싹둑!
다 뜯겨도
언젠간 다시…
수로부인의
아름다움이란…
그래도
희망은
있겠지요?
나의 파워는
바로 여기서…
태평성대가
따로 없지요~
(그래도 힘들다…)
세금
감면!

야옹샘　본명은 '이양호'인데, 호가 '야옹野翁(들 야, 늙은이 옹)'이다. 야옹샘 스스로도 알아차리지 못했지만, 본명의 발음과 비슷한 '야옹'으로 누군가에 의해 호가 지어졌고, 야옹샘이라고 부르게 되었다. 아이들은 선생님이 없을 때 '야옹~!' 하며 놀리기도 한다. 실제 생김새도 고양이를 닮았다. 웃을 때 눈가에 주름이 잡혀있고 입가에는 고양이 수염이 난 듯하다(만약 전생이 있다면 고양이였을지도 모른다). 야옹샘은 시대의 배경 지식, 후대의 역사 논쟁들, 동서양의 비슷한 사례 등을 밝혀서 학생들이 좀 더 풍부하게 고전을 이해할 수 있도록 도움을 준다.

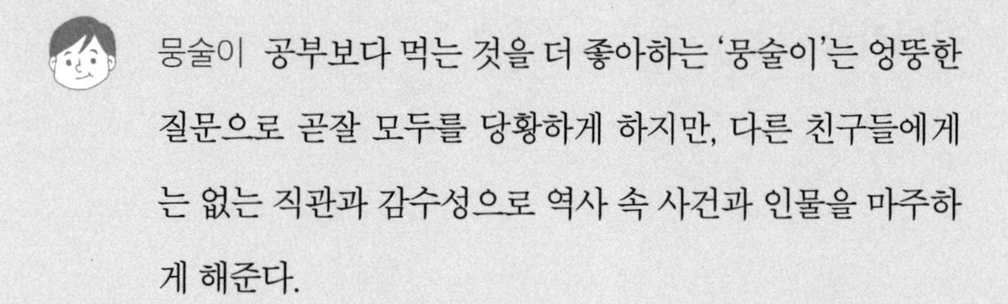

뭉술이 공부보다 먹는 것을 더 좋아하는 '뭉술이'는 엉뚱한 질문으로 곧잘 모두를 당황하게 하지만, 다른 친구들에게는 없는 직관과 감수성으로 역사 속 사건과 인물을 마주하게 해준다.

범식이 틈만 나면 동네 도서관에 가서 책을 읽는 전교 1등 범생이 '범식이'는 얼굴도 잘생긴 데다 모르는 게 없을 정도로 두루두루 해박하다. 친구들의 생각의 가지를 사방팔방으로 뻗쳐 나가게 해준다.

캐순이 조금만 의심이 가도 그냥 넘어가는 법이 없는 '캐순이'는 깨알 같은 질문을 퍼부어, 역사 인물들의 꿍꿍이를 거침없이 헤집어 낸다. 일연의 배낭 속 이야기에 나오는 인물들의 심리와 상황을 잘 파악하는 데 도움을 준다.

첫머리글*

무릇 옛 성인들은 예악으로 나라를 일으키고, 인의로 가르침을 베풀었다. 그러므로 상상을 초월하는 괴상함과 괴력, 인륜을 어지럽히는 패란悖亂과 귀신에 관한 일은 말하지 않았다. 그러나 제왕帝王이 일어나려면 하늘의 명[符命]에 응膺해서, 그 뜻이 새겨진 것[圖籙]을 받아들여, 여느 사람과 다른 구석이 있어야만 한다. 그런 뒤에야, 시대의 큰 변화[大變]를 타고, 천하의 큰 그릇[大器]을 움켜잡아, 하늘 아래 큰 일[大業]을 이룰 수 있다. 그래서 황하에서 그림이 나오고 낙수에서 글이 나오고서, 성인이 나타났던 것이다.

무지개가 신모의 몸을 휘감자 복희를 낳았고, 용이 여등과 관

* 《삼국유사》〈기이〉 편의 머릿글에 해당한다.

계하여 염제를 낳았고, 황아가 궁상의 들판에서 놀다가 자칭 백제의 아들인 신동과 관계하여 소호를 낳았고, 간적은 알을 삼켜 설을 낳았고, 강원은 거인의 발자국을 밟고서 기를 낳았고, 임신한 지 열네 달 만에 요임금을 낳았고, 용이 큰 못에서 교합하여 패공[한나라 고조 유방]을 낳았다. 그 뒤에 일어난 이 같은 일들을 어떻게, 다 기록할 수 있겠는가?

이런데도, 삼국의 시조들이 모두 신비스럽고 기이하게 태어난 일을 두고 괴이하다고 할 수 있겠는가? 이것이 〈기이〉 편을 모든 편 앞에 차례 잡은 까닭이다. 그 뜻이 바로 여기에 있다.

01

단군은 나라다

고구정녕 바라오니, 바뀌어 사람 되게

야옹샘 단군신화 하면 뭐가 떠오르죠?

뭉술 곰이 100일 만에 사람이 된 거요.

범식 홍익인간을 펼치려고 환웅이 하늘에서 땅에 내려와 웅녀와 결혼해, 우리 민족의 시조가 된 단군왕검을 낳은 사건이 중요하다고 생각합니다.

캐순 저는 조금 엉뚱한데요. 호랑이가 도중에 그만둘 수밖에 없었던 어둠 속 동굴과 그 동굴 속에서 100일 동안 마늘과 쑥만 지긋지긋하게 먹으면서 견디는 곰이 인상적이었어요.

뭉술 곰인데, 뭘!

야옹샘 단순한 정보 측면에서 봤을 때 약간 문제가 있지만 다들 꽤 잘 알고 있네요. 단군신화는 우리 민족의 맨 밑에 놓여있는 정신이자 샘물이라고 생각해요. 정확한 정보를 확인할 겸 단군신화를 꼼꼼히 읽으면서 그 깊은 뜻을 찾아 떠나보죠.

【고조선 (왕검조선)】《위서》에 쓰여 있다.

"2,000년 전에 단군왕검이 있었는데, 아사달(일연 주: 《경經》에 무엽산無葉山이라 하고 백악白岳이라고도 하는데, 백주白州 땅에 있다. 혹은 개성開城 동쪽에 있다 했으니, 지금의 백악궁白岳宮이다)에 도읍하고 나라를 세워 조선朝鮮이라고 하였으니, 중국의 요 임금과 같은 시기다."

《고기古記》에는 이렇게 말했다.

"옛날 환인의 서자(둘째 이하를 서자라 했다) 환웅이 자주 천하에 뜻을 두고 인간 세상을 탐색하며 알맞은 곳을 찾고 있었다. 아버지가 아들의 뜻을 알고는, 세 봉우리가 있는[三危] 태백太伯을 내려다보니 홍익인간弘益人間, 즉 널리 복을 끼치는 인간[세상]을 이루어낼 만한 곳이었다. 이에 환웅에게 하늘의 신표인 천부인天符印 세 개를 주어 보내며, [옥돌을 옥돌 안에 있는 결을 따라서 다듬어 옥의 아름다움이 드러나게 하듯] 그들을 다듬게* 했다.

환웅이 3,000명을 거느리고 태백산(일연 주: 태백은 지금의 묘향산이다) 꼭대기 신단수 아래로 내려왔다. 그곳을 신들의 도시[神市]

* 대부분 '다스린다'로 번역하지만, 원문은 '다스릴' 치治가 아니라, '옥돌다듬을' 리理라는 글자로 되어 있다.

라 하고, 이분을 환웅천왕이라 했다.

환웅천왕은 바람신인 풍백, 비신인 우사, 구름신인 운사를 거느리고 곡식, 생명, 질병, 형벌, 선악 등 인간 세상의 360여 가지 일을 주관해, 재세이화在世理化* 했다.

이때 곰 한 마리와 호랑이 한 마리가 같은 굴속에 살고 있었는데, 신神 환웅에게 늘 기원했다.

"고구정녕 바라오니, 바뀌어 사람 되게 해주십시오."

이에 신이 신령한 쑥 한 줌과 마늘 스무 개를 주면서 말했다.

"너희가 이것을 먹되, 햇빛을 백 일 동안 보지 않으면 문득 사람의 형상을 얻으리라."

곰과 호랑이는 받아 쑥과 마늘을 먹었다. 금기(몸과 맘을 깨끗케 하기 위해 특정한 것을 꺼리고 가리는 행위)한 지 삼칠일에 곰은 여자의 몸이 되었지만, 호랑이는 금기를 지키지 못했기에 사람의 몸이 되지 못했다.

웅녀는 혼인할 짝이 없어 매일 신단수 아래에서 빌었다.

"고구정녕 바라오니, 아이를 갖게 해주십시오."

환웅이 잠시 사람으로 변해 웅녀와 혼인하였다. 태기가 있어 아들을 낳으니 단군왕검이라 하였다.

* 理라는 글자의 의미가, 장인이 옥돌의 결을 따라 다듬는다는 뜻이다. 그러므로 재세이화는 '장인이 결을 따라 옥돌을 다듬듯 세상을 이치에 따라 다듬었다'는 뜻이 된다.

단군왕검은 중국 요 임금이 즉위한 지 50년이 되는 경인년(일연 주: 요가 즉위한 원년이 무진년이니, 50년은 경인년이 아니라 정사년이므로, 사실이 아닌 듯하다)에 평양성(일연 주: 지금의 서경西京이다)에 도읍하고 비로소 조선朝鮮이라 했다.

다시 도읍을 백악산 아사달로 옮겼는데, 그곳을 궁홀산(일연 주: 방方홀산이라고도 한다) 또는 금今미달이라고도 했다. 그는 1,500년 동안 나라를 다스렸다.

주나라 무왕이 즉위하던 기묘년(기원전 1122년)에 기자箕子를 조선에 봉하니, 단군은 장당경으로 옮겼다. 뒤에 아사달로 돌아와 은거하면서 산신이 되었는데 1,908년을 살았다."

당나라 《배구전》에는 쓰여 있다.

"고구려는 본래 고죽국(일연 주: 지금의 해주海州다)으로, 주周나라가 기자를 봉해 조선이라 했다. 한漢나라가 [이곳을] 나누어 세 군을 두었는데 현도, 낙랑, 대방(일연 주: 북대방이다)이다."

《통전通典》에도 역시 이와 같다(일연 주: 《한서漢書》에는 진번, 임둔, 낙랑, 현도의 네 군으로 되어 있는데, 여기서는 세 군으로 되어 있고 그 이름도 같지 않으니 왜 그런가?).

범식 곰이 100일 만에 사람이 된 게 아니네! 내가 본 책엔 분명히 100일이라고 되어 있었는데, 너희는 알고 있었니?

물술 • 캐순 아니, 내가 본 책에도 100일로 되어 있었어.

범식 환웅이 처음에 곰과 호랑이에게 100일을 견뎌야 사람이 된다고 말했지만, '금기한 지 삼칠일이 되었을 때 곰은 문득 여자의 몸을 얻었다'라고 원전엔 분명히 나와 있는데 어떻게 된 거지?

범식 곰에게 100일을 견뎌야 사람이 된다고 말했는데 곰이 사람이 되었으니까, 100일을 채워 그렇게 되었겠지 하며 그냥 생각 없이 쓴 거겠지.

야옹샘 맞아요.《삼국유사》엔 분명히 삼칠일로 되어 있어요. 어린 애들이 보는 책들엔 대부분 100일로 되어 있는데 원전을 확인하지 않고 대충대충 써서 그럴 거예요.

물술 삼십 칠일이라고 하지 않고 왜 삼칠일이라고 했지?

범식 삼칠일은 삼이 일곱 번이란 뜻이야. 37일이 아니라, 21일인 거지.

캐순 21일이라고 하면 될 걸 삼칠일이라고 한 건 3과 7에 깊은 뜻이 있어서겠지? 우리 문화에서 숫자 3과 관계있는 걸 떠올려보자.

 삼세판.

범식 고구려의 세 발 달린 새, 삼족오.

캐순 삼월 삼진날.

물술 셋째 딸.

범식 삼태극 문양.

캐순 아, 부채춤 출 때 보면 삼태극이었어. 그리고 춘향이의 고향 남원 실상사에 있는 한 건물 문에서도 삼태극이 있는 걸 봤어. 실상사는 신라 흥덕왕 3년(828년)에 세워졌으니까, 만약 그때부터 그 문양을 하고 있었다면 무척 오래된 거지.

범식 5~6세기 것으로 추정되는 신라의 황금보검(계림로 14호묘에서 나옴. 보물 635호)에 삼태극 문양이 또렷하게 박혀 있는 게 있어. 그것도 세 개씩이나.

 맞아요. 하지만 이게 신라에서 만들어진 건지 중앙아시아 쪽에서 온 건지는 아직 확정할 수 없어요.

캐순 삼태극에 대해선 이쯤하고 다시 '셋'에 집중하자.

범식 천지인 삼재사상에도 셋이 들어 있어.

뭉술 천하 삼분지계에도.

캐순 우리 문화에 셋과 연관된 게 이렇게 많은 걸 보면 우리 조상들은 셋에 특별한 의미를 부여한 게 틀림없어. 왜 그랬지?

범식 단군신화에서 셋에 특별한 의미를 부여해서 그런 게 아닐까? 환인이 환웅에게 천부인天符印 세 개를 주어 보냈고, 환웅천왕은 바람신인 풍백風伯, 비신인 우사雨師, 구름신인 운사雲師, 즉 세 신과 함께 3,000명을 거느리고 왔잖아.

뭉술 그것 말고도 셋이 들어간 게 많아. 환웅천왕이 내려온 곳이 세 봉우리가 있는 산이고.

캐순 환인—환웅·웅녀—단군왕검으로 삼대가 이어지고 있기도 해.

범식 이분들 삼대를 모시는 삼성사三聖祠가 황해도 구월산에 있어.

야옹샘 환인—환웅·웅녀—단군왕검 이렇게 삼대로 볼 수도 있지만, 환인과 환웅은 하늘을 곰과 호랑이는 땅을 단군왕검과 나랏사람들은 사람을 가리키는 삼재사상(천지인)으로 볼 수도 있지 않을까요?

범식 그렇게 볼 수도 있겠네요.

캐순 셋은 우리 민족과 처음부터 인연이 깊은 숫자라는 생각이 든다. 왜 그랬을까?

뭉술 거기에 무슨 이유가 있겠어. 왠지 셋이 좋잖아. 둘이 있을 때보다는 셋이 있을 때 활기차기도 하고.

범식 셋은 활기찬 느낌도 주지만 안정되어 있다는 느낌을 주기도 하지. 셋은 안정성과 역동성을 다 갖춘 숫자라는 생각이 들어서 셋을 좋아하지 않았을까?

뭉술 나도 범식이 말에 한 표~. 그럼 7에 의미를 부여한 것에는 뭐가 있지?

캐순 견우와 직녀가 만난다는 칠월 칠석.

뭉술 북두칠성.

캐순 자식 낳기를 기원했고 아직도 그 민속이 남아 있는 칠성각도 있지.

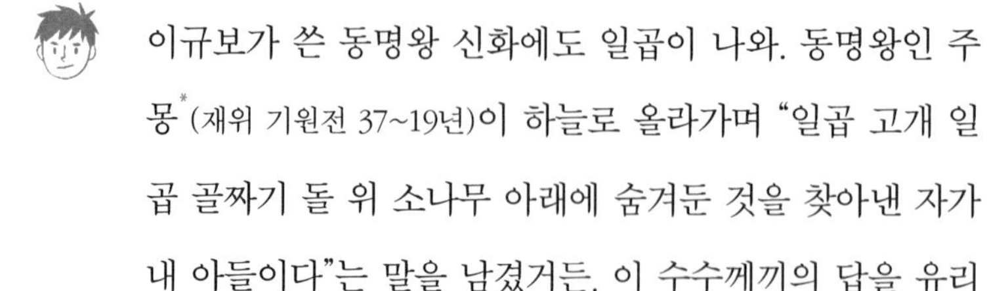

이규보가 쓴 동명왕 신화에도 일곱이 나와. 동명왕인 주몽*(재위 기원전 37~19년)이 하늘로 올라가며 "일곱 고개 일곱 골짜기 돌 위 소나무 아래에 숨겨둔 것을 찾아낸 자가 내 아들이다"는 말을 남겼거든. 이 수수께끼의 답을 유리

* 동명왕과 주몽의 관계에 대해선 다른 논의가 있지만, 같은 인물로 보는 게 일반적이다.

가 온갖 고생을 한 뒤 찾아내어 결국 태자가 되었지.

금와왕의 일곱 아들이 주몽을 죽이려 하자 주몽은 어진 벗 셋과 함께 그곳을 떠나 비류 지역에 나라를 세웠는데, 그곳을 다스리고 있던 송양(태어나고 죽은 때를 알 수 없다. 고구려 건국기 비류국의 왕이었다)을 물리칠 때 하늘이 주몽의 주문을 들어주어 이레 동안 비를 내려 송양으로부터 항복을 받았다는 이야기도 있어.

뭉술 한참 전에 옛이야기 책에서 읽어 가물가물한데, 박혁거세*(재위 기원전 57년~기원후 4년)가 오랫동안 나라를 다스린 뒤 하늘로 올라갔는데 이레 후에 하늘에서 그 유해가 떨어졌다는 소리도 있지 않나?

야옹샘 맞아요.《삼국유사》에 그렇게 나와요. 신라 세 왕족 중 하나인 석씨의 시조 석탈해는 칠 년 동안의 기도 끝에 낳았다는 소리도《삼국유사》에 있어요.

캐순 지금까지 본 '일곱'의 공통적인 의미는 뭘까?

범식 어떤 것이 완성된다는 의미가 아닐까?

캐순 그런 것 같아. "칠 년 가뭄 끝에 비 안 오는 날 없다"는 속담에서 보듯 일곱은 어떤 것이 끝났음을 뜻한 말로 쓰였어.

* 불구내라고도 하며, 신라 제1대 왕이다. 왕호는 거서간이었다.

뭉술 칠전팔기七顚八起에서도 마찬가지야. 확실히 일곱은 한 단계가 끝나고 다른 단계로 넘어간다는 뜻으로 쓰였어.

캐순 3과 7을 우리 문화만 특별히 여겼을까?

뭉술 럭키 세븐이란 말이 있는 것을 보면 꼭 그런 것 같진 않아.

범식 이슬람 문명, 중앙아시아 문명, 유럽 문명 등은 삼과 칠을 어떻게 여겼는지 하나하나 알아보면 재미있을 듯한데…….

지금까지 삼과 칠을 따로 떼놓고 생각했는데 '삼칠일' 그대로 의미 있는 이야기나 민속은 없나?

범식 삼칠일 동안 금줄 치는 것 있잖아!

뭉술 그게 뭔데?

범식 아이가 태어나면 삼칠일 동안은 외부 사람이 그 집에 못 들어오도록 대문에 금줄을 치는 거지.

캐순 야옹샘, 삼칠일 금줄 치기에 대해 더 자세히 알고 싶어요.

야옹샘 그럼 금줄부터 알아볼까요? 금줄은 짚으로 새끼를 꼬아 만드는데, 평소와는 반대 방향으로 새끼를 꼬아야 해요. 오른손을 밖으로 밀고 왼손은 안쪽으로 당기듯이 새끼를 꼬는 게 일반적인데, 금줄은 왼손을 밖으로 내밀고 오른손은 안쪽으로 당겨서 꼰 왼새끼를 쓰지요. 특별한 용도에 쓰이는 새끼줄이어서 구별하려고 그랬을 거예요.

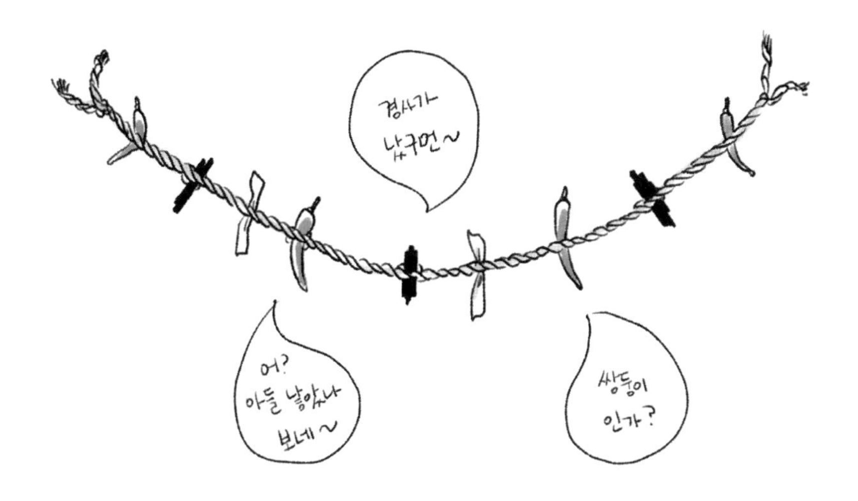

뭉술　새끼줄만 쳐놓았나?

범식　쳐놓은 새끼줄에 딸이면 숯을, 아들이면 빨간 고추를 끼웠어.

야옹샘　맞아요. 그 외에도 지방에 따라 달랐어요. 해안 지방에선 미역이나 다시마를, 경상도 북부 지역에선 조그만 조약돌을, 경상도 남부 지역에선 작은 칼을, 충청남도에선 짚 뭉치를 끼우기도 했대요.

캐순　삼칠일 동안 금줄 치는 것 말고 또 뭘 했어요?

야옹샘　많은 일을 했지요. 아기 나은 지 삼 일째에 산모는 목욕을 하고 탯줄은 태우거나 묻었죠. 그 뒤 첫이레 두이레 세이레를 구별해서 지켰어요. 첫이레엔 아이에게서 쌀깃(강보)을 벗기고 비로소 깃 없는 배냇저고리를 입혔으며, 가족들과 아이의 만남 또한 이때 처음 이루어져요. 두이레엔 깃 있는 배냇저고리와 아랫도리를 감싸는 두렁이[*]를 입혔는데, 외가 사람들과 아이의 만남이 처음 이루어지죠. 세이레 날엔 금줄을 걷고 위아래 모두 제대로 된 옷을 입히고 친지·이웃과 아이의 만남이 이루어져요. 물론 이것 역시 지방에 따라 조금씩 다르긴 해요.

뭉술　삼칠일은 삼이 일곱 번 있다는 게 아니라 칠이 세 번 있다는 뜻이네!

야옹샘　맞아요. 그래서 삼칠일을 세이레라고도 해요.

범식　삼칠일만이 아니라 백일도 아이 탄생에서 중요하게 여기잖아?

뭉술　그렇지. 백설기 먹는 날이니까. 아이고, 군침 돌아.

캐순　뭉술이 너는 먹는 것만 나오면 행복하지?

그럼~ 하지만 백설기는 혼자 먹으면 안 되고 백 집과 나눠 먹어야 한대.

범식　백일 날 백설기를 백 가정이 먹는다!

캐순　이쯤에서 캐묻고 싶은 게 있어.

뭉술　캐순이가 캐묻지 않으면 캐순이가 아니지. 어디 캐물어봐!

* 어린아이의 배와 아랫도리를 둘러주기 위하여 치마같이 만든 옷. 두렁치마·두렁이라고도 한다.

범식 오호라~ 네가 대답해 주게?

뭉술 당근! 쉬운 거면 범식이 네가 그냥 알려줘. 어려운 거면 내가 나서야겠지만! 하지만 캐물이가 헤아리는 힘을 기를 절호의 기회를 내가 빼앗을 수 없으니 캐물이 스스로 하도록 넘겨줘야겠지?

캐순 아무튼 좋아. 환웅이 곰과 호랑이에게 왜 처음부터 세이레만 견디면 사람이 될 수 있다고 하지 않고, 백일을 견뎌야 한다고 했냐 이거야.

범식 맘을 단단히 먹도록 겁을 준 거겠지.

뭉술 맘을 너무 단단히 먹어 호랑이가 포기했잖아? 며칠 만에 호랑이가 뛰쳐나갔는지는 모르지만, 남은 날이 하도 많아 호랑이가 포기한 게 틀림없어. 어둠 속에서 새로운 먹거리를 먹되, 세이레만 그렇게 하라고 했다면 지금까지 버틴 게 아까워서라도 포기하지 않았을 텐데.

캐순 듣고 보니, 그렇다면 정말 매정한 환웅인데!

홍익인간弘益人間, 즉 널리 복을 끼치는 인간[세상]을 이루어낼 만한 곳에서, 재세이화在世理化한 사람, 즉 장인이 결을 따라 옥돌을 다듬듯이 세상을 이치에 따라 다듬으려 한 사람이 환웅이야. 그런 환웅이 과연 그렇게 매정했을까?

뭉술 둘 중 하나를 골라 아내로 삼으려고 그런 게 아닐까?

범식 역시 뭉술이는 재미있는 생각을 잘 해.

캐순 뭔가 깊은 뜻이 있을 거야. 아이가 태어난 뒤 치르는 삼칠일과 백일을 잘 헤아려보면 환웅이 그렇게 말한 까닭을 찾을 수 있을 것도 같은데…….

뭉술 삼칠일에 대해선 이제 좀 알겠는데 백일에 대해선 아직도 아는 게 별로 없어. 범식아, 백일에 대해 얘기 좀 해줘.

범식 백일 날 아기 머리카락을 잘랐는데, 배냇머리 자르기라고 해.

캐순 사람을 백일 이전과 이후로 나누겠다는 마음에서 그런 풍습이 나왔겠군!

범식 빙고! 백일 날엔 잔칫상도 차리고, 이웃들을 초대해 잔치를 하기도 했어.

캐순 잔칫상에 올라간 건 뭐야?

범식 흰밥, 미역국, 백설기, 수수팥떡, 인절미, 송편을 차렸는데, 하나하나에 의미가 담겨 있지.

뭉술 어린 애가 그런 걸 어떻게 먹는다고, 쯧쯧.

 왜 못 먹냐?

뭉술 그 애는 슈퍼맨이니? 이빨도 안 난 애가 송편을 먹고 인절미를 먹게~

캐순 엄마 젖으로!

물술 에이~ 말이 안 된다야.

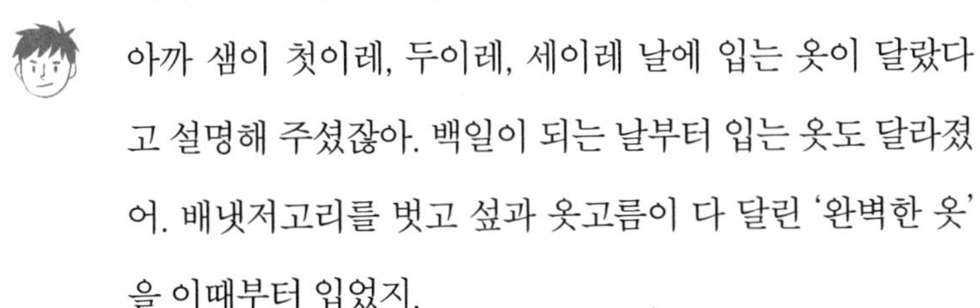

아까 샘이 첫이레, 두이레, 세이레 날에 입는 옷이 달랐다고 설명해 주셨잖아. 백일이 되는 날부터 입는 옷도 달라졌어. 배냇저고리를 벗고 섶과 옷고름이 다 달린 '완벽한 옷'을 이때부터 입었지.

캐순 이제부터 온전한 사람으로 대우한다는 뜻인가?

범식 옷도 그냥 옷이 아니라 백 집으로부터 받은 헝겊 조각을 꿰매 한 벌의 옷을 만들어 입힌 지역도 있었대.

뭉술 백 조각으로 만든 모자이크 옷을 입고 잔치판을 벌인 거야?

캐순 듣고 보니 세이레는 이웃과의 교류가 시작되는 것을 기념하는 날이라면, 백일은 이웃을 포함해 뭇 사람과의 관계가 잘 이루어지기를 기원하는 날이라는 생각이 든다. 드디어 온전한 인간이 된 거지.

범식 그렇다면 민속에서는 백일이 되어야 온전한 사람이 된 것이라고 할 수 있잖아? 단군신화와는 달리!

뭉술 그런 셈이네.

단군신화는 처음에 백일이 필요하다고 해놓고 왜 삼칠일만에 사람이 되었다고 했느냐는 거지. 캐물어보길 잘했다는 생각이 들지?

몽술　역시 캐순이야!

웅녀의 온전한 사람되기

범식　옛날에는 소년기가 끝날 즈음에 성인식이란 게 있었잖아. 왜 그걸 따로 치렀지?

몽술　이제 범식이도 캐순이가 된 거니? 단군신화랑 성인식이랑 무슨 상관인데?

범식　어느 시점에 따로 성인식(사람이 된 것을 기념하는 의식)을 치렀다는 건 그 전은 사람이 아니었다는 소리잖아?

몽술　그게 진짜 그렇다는 소리는 아니잖아~. 그냥 상징적인 의례인 거지.

캐순　상징적인 의례만은 아니야. 어린 아이가 성인으로 대접받기 위해선 성인식을 통해, 그 공동체의 성인들이 하는 일을 그 아이도 할 수 있다는 걸 보여주어야 해.

범식　성인식은 텔레비전을 통해서도 가끔 보게 되는 것처럼, 오래 전엔 꽤 힘들게 치러야 했지만 시간이 지나면서 점점 단순한 의식으로 바뀌게 된 것 같아. 우리나라도 마찬가지였을 거야. "삼한시대 마한에서는 소년들의 등에다 상처를 내서 줄을 꿰고 통나무를 끌며 그들이 훈련받을 집을 지었다"는 기록도 있대.

뭉술　나중엔 확실히 많이 쉬워진 것 같아. 우리나라 성인식 중엔 마을 입구에 놓인 돌을 들어 올리는, 일명 '돌들기'도 있었다니까.

범식　돌을 들어 올린 날부턴 품삯도 한 사람 몫을 온전히 쳐줬다고 하지.

캐순　그런데 말이야, 성인식을 치른 뒤엔 성인되기를 그만두어도 되는 걸까?

뭉술　그러면 성인식을 몇 번씩 치러야 하니?

캐순　돌을 들어 올렸다고 그날부터 다른 어른들과 일을 똑같이 잘 할 수 있을까? 당연히 그럴 수 없어. 여러모로 서툴 거야. 그런데도 한 사람의 몫을 온전히 쳐준 것은, 한 사람 몫을 한 것으로 '인정'해 준 거라고 할 수 있어. 은혜를 베푼 거지!

삼칠일에 사람이 되었다는 소리도 단지 인정일 뿐이라는 거니? 사람으로서, 아직 충분하지 않지만 그 가능성을 보고 은혜를 베풀어서 한 소리라는 건가?

캐순 그렇지. 온전히 한 사람 몫을 하도록 애써야 하는 것은 여전히 남아 있는 거고.

범식 성인되기, 즉 사람되기는 삼칠일의 금기가 끝난 뒤에도 여전히 웅녀가 감당해야 할 몫이라는 거구만.

뭉술 사람이 되는 것, 되게 힘드네!

"사람이라고 다 사람이냐. 사람다워야 사람이지"라는 말이 그냥 나온 게 아니지.

뭉술 사람답지 않은 행동을 할 때, "사람이 되거라"라고도 하긴 하지.

범식 '인두껍을 쓴 놈'이라고도 해. 거죽만 사람이라는 거지.

야옹샘 공자의 제자 중에 증자가 있는데, 사람으로 살아가는 것의 어려움을 죽음의 자리에서 밝힌 소리가 있어요.

내 발을 열어보고 내 손을 열어봐라. 《시경》에, '살피고 또 살폈네. 깊은 연못, 엷게 언 얼음을 밟는 듯 살았네.' 오늘 나는 드디어 사람되기를 마쳤구나, 제자들아.*

* 《논어》〈태백〉 3장, "啓予足! 啓予手! 詩云, '戰戰兢兢, 如臨深淵, 如履薄氷.' 而今而後, 吾知免夫! 小子!"

범식 결국 단군신화가 말하고 싶었던 것은, 웅녀가 사람의 모습을 하고 있지만 온전히 사람이 된 것은 아니니 끊임없이 애를 써 사람이 되어야 한다는 것인가.

캐순 웅녀만이 아니라 그 신화 속에 사는 사람 모두, 즉 우리 민족 모두에게 하는 소리겠지.

범식 우리도 늘 '사람되기'에 마음을 기울여야 한다고 생각해.

사람되기! 얘기하다 보니까 생각지도 않은 소리까지 나온 것 같은데, 나는 곰이 사람이 될 수 있다는 걸 눈곱만큼도 믿지 않아. 캐순이 너는 믿어지니?

캐순 물리적인 의미에서 그렇게 되었다곤 나도 믿지 않아.

범식 나도 그래. 그래서 곰의 사람되기는 곰토템족, 호랑이토템족, 천신족 사이에서 일어난 일이고, 북방에서 내려온 천신족이 토착 세력 중 하나인 곰토템족과 연합하여 호랑이토템족을 몰아낸 것을 비유적으로 표현한 거라는 견해에 끌려. 너희들 생각은 어떠니?

그 견해는 단군신화를 물리적 사실 속에서만 보려는 태도에서 나왔다고 봐. 신화가 어떤 역사적 사실을 반영한다는 것에 나도 동의해. 하지만 물리적 사실만이 역사적 사실이고 정신적인 사실은 역사적 사실이 아니라고 생각해서 신화를 온통 물리적 사실로 여기려는 태도는 문제라고

생각해.

물술 정신적인 사실이란 게 뭐지?

캐순 예를 들면 이스라엘 사람들이 믿는 '우리들은 하나님으로부터 선택된 민족'이라는 소리*는 물리적인 사실은 아니야. 하지만 그것을 믿고 있는 사람들에겐 그건 사실로서 역할을 해. 이런 것과 비슷한 것이 '정신적인 사실'이야.

범식 그런 믿음이 의미가 있다고는 할 수 있어도, 역사적 사실이라고는 할 수 없잖아?

캐순 그럼 이건 어떨까. 특히 요즘에 빼놓을 수 없는 개념인데 '인권은 있다'(인권을 절대적인 가치로 인정할 수 있다는 견해)는 말은 역사적 또는 사회적 사실인가, 아닌가?

물술 '인권'은 물리적인 건 아니지.

캐순 그렇지. 물리학 책엔 인권이 나오지 않으니까. 하지만 사회과와 관련된 책에선 인권을 반드시 다루고 있어. 그 내용에선 차이가 날지라도.

범식 다룬다고 그게 사실은 아니잖아.

물술 맞아. 없는 사실도 거짓으로 다룰 순 있으니까.

캐순 감각적으로 일어난 일만을 너희는 사실이라고 생각하니?

* 대부분의 민족이 이런 생각을 가졌지만, 이스라엘인은 특히 심하다. 구약시대부터 이스라엘인은 이렇게 믿어왔는데, 이를 선민의식이라고 한다.

정신 속에서 일어난 일은 사실이 아니니?

범식 정신 속에서 일어난 일이, 감각으로 확인할 수 있도록 드러났을 때는 사실이라고 할 수 있지.

캐순 어떤 상태를 '드러났다'고 생각하지? 머릿속에서만 일어날 수 있는 개념인 삼각형이 눈 앞에 비슷하게라도 나타났을 때를 '드러났다'고 하나? 아니면 5·18 광주 항쟁군이 '자유'와 '민주'를 믿고서 군사 독재에 저항*하는 것으로 '드러난' 것을 말하는가?

아이고 머리야. '드러났다'는 말 한 마디가 이렇게 어려웠나?

범식 둘 다 드러난 것으로 봐야겠지.

그렇다면 그 옛날 이 땅에 살던 사람들이 인간이란 생물학적인 것을 넘어서 정신적으로 이루어져야 할 존재이고, 그것에 실패하면 곰이나 호랑이 같은 짐승이나 다름없다고 생각해서 인간의 가치를 추구했다면, 그래서 보다 나은 사람이 되어갔다면, 그 또한 역사적 사실이라고 할 수 있지 않니?

뭉술 캐순이 너는 그러니까 곰이나 호랑이 같던 사람이 진짜 사

* 1980년에 전두환 군사집단이 정권을 탈취하기 위해 전국에 계엄령을 선포하고 유력한 정치인을 잡아가자, 광주 시민들이 분연히 떨치고 일어나 맞서 싸운 민주화 운동이다.

람다운 사람으로 되어갔던 사실을, 그리고 되어가야 할 사람의 길을 알려준 게 단군신화라는 거지?

캐순 그렇지! 호랑이는 포기했고.

뭉술 그래 봤자 한 사람이야.

캐순 한 사람이지만 그가 나라를 세우고 나라 이름을 정했다는 점에서 한 사람의 일로 볼 것이 아니라 나랏사람들 전체의 꿈을 표현한 것이라고 봐야 하지 않을까? 지금 우리가 한 민족이라고 생각할 수 있는 것의 많은 부분도 단군신화에 빚지고 있기 때문이라고 생각해. 곰토템족 어쩌고저쩌고 하는 것은 우리의 엄청난 정신과 문화를 실증주의(사상과 정신조차도 '물리적인 사실'로 확인이 될 때만 그 가치를 인정하려는 태도)라는 명목으로 없애버리는 우매한 짓이라고 생각해.

뭉술 누가 단군신화를 지었을까?

캐순 그거야 알 수 없지. 하지만 그것이 일연 때까지 내려온 걸로 봐서 우리 민족의 어기찬 꿈이었던 것만은 틀림없다고 해야겠지.

범식 요즘 엄청 잘 나가는 《사피엔스》*(아래 범식이가 인용한 글은

* '왜 사피엔스 종만이 지구상에 살아남았나?', '인간의 문명은 왜 발전하였고, 이런 발전은 우리에게 행복을 주었는가?' 등을 다루고 있다.

이 책의 쪽수만 표기했다)에서 유발 하라리*가 말한 "인지혁명"이 힘을 발휘해서 만들어진 것이라고 말할 수도 있겠다는 생각이 드네.

물술 "인지혁명"이 뭔데?

범식 인류 역사에서 일어난 세 혁명, 인지혁명·농업혁명·과학혁명 중 가장 빠른 약 7만 년 전에 일어난 혁명으로 "전혀 존재하지 않는 것을 창조하고 또 전달할 수 있는 능력"이야.

캐순 조금만 더 자세하게 설명해 줘.

내가 지금 책을 가지고 있으니까 그 부분을 읽어줄게.

호모 사피엔스는 어떻게 해서 이 결정적 임계치†를 넘어 마침내 수십만 명이 거주하는 도시, 수억 명을 지배하는 제국을 건설할 수 있었을까? 그 비결은 아마도 허구의 등장에 있었을 것이다. 서로 모르는 수많은 사람이 공통의 신화를 믿으면 성공적 협력이 가능하다. 인간의 대규모 협력은 모두가 공통의 신화에 뿌리를 두고 있는데 그 신화는 사람들의 집단적 상상 속에서만 존

* 예루살렘에서 태어났으며 부모님은 레바논계 유대인이다. 예루살렘 히브리대학교에서 중세 역사 및 군 문화를 전공했으며, 현재 예루살렘 히브리대학교 역사학과 교수이다.

† 친밀함이 주가 되어 유지할 수 없는 규모의 한계, 그래서 친밀함이 아닌 새로운 원리가 필요한 시점을 말한다.

재한다. 현대 국가, 중세 교회, 고대 도시, 원시 부족 모두 그렇다. 교회는 공통의 종교적 신화에 뿌리를 두고 있다.(53쪽)

인간의 대규모 협력은 신화에 기반을 두기 때문에, 다른 이야기로 신화를 바꾸면 인간의 협력방식도 바뀔 수 있다. 상황이 맞아떨어지면 신화는 급속하게 바뀐다. 1789년 프랑스인들은 왕권의 신성함이라는 신화를 믿다가 거의 하룻밤 새 국민의 주권이라는 신화로 돌아섰다.(60쪽)

읽고 보니까 캐순이 생각이 맞다는 생각이 든다. 《사피엔스》를 읽었는데 왜 그것을 단군신화와는 연결시키지 못했지?

물술 단군신화를 종교처럼 믿을 수는 없잖아.

캐순 다른 종교가 말한 것과 단군신화가 말한 것 사이에 결정적인 차이는 없다고 봐. 어느 쪽이 되었건 그것이 말하려는 뜻을 알아채지 못하고, 글자 그대로 믿으려는 게 문제지.

뭉술 단군신화가 우리 민족의 꿈이었다 하더라도 우리 모두가 단군의 자손일 순 없잖아. 전쟁도 엄청 겪었고.

범식 당연히 우린 단일민족일 수가 없지. 그래서 단군신화는 한 공동체의 꿈이라고는 할 수 있을지언정 우리 민족의 꿈이라고는 말할 수 없다고 생각해.

역시 고기가 최고야!
지글
지글
야~! 그거 먹지 말라니까…
우리는 하나!

캐순 민족이란 게 뭘까?

뭉술 혈연관계에 있는 것을 민족이라고 하잖아.

캐순 중국 한족은 그러면 민족이 아니겠네?

뭉술 무슨 뚱딴지같은 소리야.

범식 일반적으로 한족 하면 하나라, 은나라, 주나라 사람들을 가리키는데, 세 나라가 다 혈연적으로 맺어진 나라는 아니거든.

캐순 그런 사실은 잘 몰랐는데 가르쳐줘서 고마워. 내 말은 한족 중의 한족인 주나라만 하더라도 흉노 같은 북방민족이 엄청 섞였다는 거야.

범식 맞아. 《열국지》* 를 보면 진시황의 진나라도 원래는 북방민족이라고 나와. 《맹자》† 에 보면 심지어는 은나라 천하를 만든 탕왕은 동쪽 오랑캐였고, 주나라 천하를 만든 문왕은 서쪽 오랑캐였다는 말도 나오지.

뭉술 뭐 뭐라고? 탕왕과 문왕이 오랑캐였다고? 선생님, 정말인가요?

* 중국 춘추전국시대를 소재로 한 역사소설이다. 민간에 전해져오던 판본을 명나라 풍몽룡이 개작하여 완성했다.

† 맹자는 공자가 죽은 뒤 100년 쯤 후, 전쟁이 극성한 시대에 태어났다. 그는 인의를 바탕으로 하는 왕도정치를 시행하는 것이 전쟁 시대를 극복할 수 있는 길이라고 제후들을 설득하러 다녔다. 하지만 그의 말을 받아주는 제후가 없자, 70세쯤에 고향으로 돌아와 제자들과 함께 《시경》과 《서경》, 그리고 공자의 정신에 대해 토론했다. 그때 만들어진 책이 오늘날 전해지는 《맹자》이다.

야옹샘 옙! 《맹자》에 분명히 그렇게 나옵니다.

캐순 중국의 한족이 혈연적인 관계가 아닌 건 확실해졌지?

범식 사실 그리스 민족도 혈연관계로 맺어진 게 아니야.

캐순 정말? 수십 개의 폴리스(조그만 나라)들이 4년마다 한자리에 모여 올림픽 제전을 치르기도 했잖아?

범식 그리스 지역은 최소한 세 혈연 집단으로 이루어져 있어. 아주 오래전부터 있었던 토박이들, 기원전 1100년 이전에 들어온 도리아인, 기원전 800년 즈음에 들어온 아카이아인으로 구성되어 있지.

뭉술 그런데 어떻게 수십 개의 나라가 모두 그리스인이라는 의식을 가질 수 있었지? 하나의 나라였다면 또 모를까~

같은 언어를 썼기 때문이 아닐까 싶어요. 거기에다가 약간씩 다르지만 어쨌든 서로 공유하고 있는 그들의 신화, 즉 그리스 신화와 올림픽 제전 같은 게 민족의식을 보태지 않았을까 싶네요.

뭉술 나라마다 말이 상당히 달랐을 텐데~ 그러면 그리스는 표준어도 정했나요?

야옹샘 그러진 않았지만 그리스인은 그리스 말을 하는 사람과 그렇지 않은 사람으로 세상 사람을 나눴어요. 영어로 야만인을 뭐라고 하죠?

범식　barbarian이죠.

야옹샘　영어 barbarian은 라틴어 barbarinus에서 왔고, 라틴어 barbarinus는 그리스어 barbaroi에서 왔어요. 그런데 barbaroi는 그리스 말을 못하는 사람들(Greek barbaroi meant "all that are not Greek ")이라는 뜻이에요.

뭉술　엄청 인종주의자(특정한 인종이 우월하다고 믿는 생각이다. 히틀러의 아리안 인종주의, 백인 인종주의가 있다)였네.

엄청 언어주의자(인종주의에 빗대서, 특정한 언어가 우월하다고 여기는 것을 조롱해서 한 말)였다고 해야지. 웃긴 인간들.

야옹샘　야만인이라는 낱말이 지금 우리에게 주는 느낌만큼 차별적인 말은 아니었어요. 하지만 barbaroi에서 *barbar*는 '바르바르'라는 의성어이니까, 이 낱말에 멸시적인 느낌이 들어 있는 건 확실해요.

범식　자기들이 못 알아듣는 말을 한다고 '바~ㄹ 바~ㄹ' 또는 '바르바르' 하는 자들이라고 했다는 거잖아.

캐순　우리로 치면 '벅벅거리는 놈들'이라는 의미겠지.

범식　아무튼 그리스 민족은 언어 공동체였다는 거야.

뭉술　중국 한족은 그러면 무슨 공동체라고 해야 하지?

캐순　중화中華 문화 공동체라고 할 수 있지 않을까?

범식　하나라의 요임금, 은나라의 탕왕, 주나라의 문왕이 혈연적으로는 관계가 없는데도 중국인들이 하·은·주 하면서 하나의 계통으로 파악하는 걸로 봐서 일리가 있다는 생각이 든다.

캐순 수나라, 당나라를 중국 정통을 이은 나라로 여기는 것도 같은 원리라고 할 수 있지.

뭉술 수나라와 당나라를 세운 사람은 북방민족인 선비족이 잖아?

범식 맞아. 하지만 그들 자신이 한족으로 자처했고 또 중화 문화를 근간으로 나라를 운영했으니까 중국의 정통을 이은 나라로 파악하는 게 맞다고 봐. 물론 선비족에서 나온 제도를 쓴 것도 있지만 그것은 보조적인 위치에 머물렀으니까.

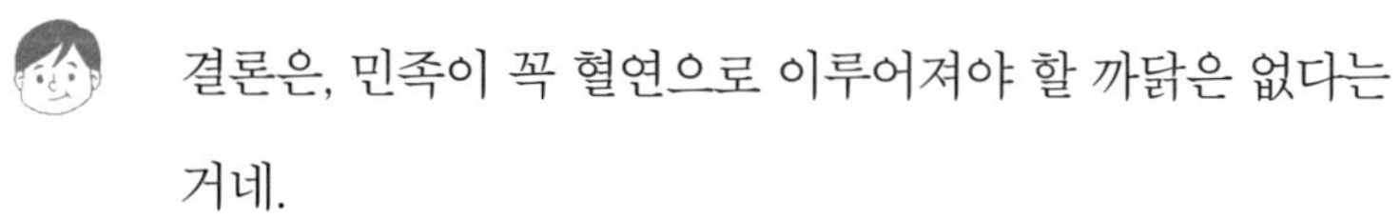

결론은, 민족이 꼭 혈연으로 이루어져야 할 까닭은 없다는 거네.

캐순 내 말이 그 말이야.

범식 그건 그렇지만, 나는 우리 민족의 혈연성도 높다고 생각해. 전쟁 이민 등으로 우리가 단일민족은 아니지만, 그래도 대부분의 사람들이 단군의 자손이라고 봐야지.

웅녀와 환웅이 낳은 조선

뭉술 그렇겠지. 그런데 단군의 아내는 누구지?

캐순 어, 누구지? 단군신화에 안 나오잖아! 왜 단군신화는 그것을 안 밝혔지?

범식 야옹샘! 《삼국유사》 전체를 봐도 단군의 아내가 안 나오나요?

한 군데 논란이 될 문장이 있긴 해요. 〈고구려〉 조목에서 주몽의 탄생을 말한 부분에 조그만 글씨로 쓴 게 있는데 그 부분을 읽어 드릴 테니까 잘 살펴보세요.

〈단군기〉에 '임금이 서하 하백의 딸과 가까이 해 아들을 낳았으니 이름을 부루라 했다'는 기록이 있다. 지금 이 기록(《삼국사기》 〈고구려본기〉를 가리킨다. 일연은 《삼국유사》를 《국사》라 했다)에 따르면, 해모수가 하백의 딸과 관계한 후 주몽을 낳은 것이고, 〈단군기〉에 '아들을 낳아 이름을 부루라 했다'라고 했으니, 부루와 주몽은 어머니가 다른 형제이다.

뭉술 어라? 단군, 결혼한 거 맞네. "〈단군기〉에 임금이 서하 하백의 딸과 가까이 해 아들을 낳았다"고 했잖아.

범식 "부루와 주몽은 어머니가 다른 형제"가 아니라, 아버지가 다른 형제라 해야 맞지 않니?

뭉술 그렇지, 그게 맞지.

캐순 〈단군기〉에 나온 임금이 단군이란 보장이 없잖아?

범식 어쨌든 주몽과 부루 둘 다 하백의 딸이 낳은 자식이잖아.

뭉술 하백의 딸이 한 명이 아닐 수도 있긴 하지.

야옹샘 〈고구려〉 조목에 하백의 딸이 여러 명인 걸로 나오긴 해요. "나는 하백[강의 신]의 딸이고, 이름은 유화입니다. 여러 동생들과 놀러 나왔는데, 그때 한 남자가 자신을 천제의 아들 해모수라 하면서, 나를 유혹하여 웅신산 아래 압록강 가에 있는 집에서 관계를 맺고, 떠난 뒤 돌아오지 않습니다."

뭉술 해모수가 하백의 두 딸에게서 각각 주몽과 부루를 낳았다고 볼 수도 있겠다.

범식 부루의 아버지가 단군이 아니라 해모수라면 "부루와 주몽은 어머니가 다른 형제"란 말이 틀린 말이 아니지.

범식 맞아. 해부루의 아버지는 해모수라고 《삼국유사》 〈북부여〉 조목에서 봤어. 하백의 딸을 단군의 아내라고 할 순 없겠다.

뭉술 단군 아내 찾기 참 힘드네.

 왜 꼭 단군의 아내를 찾아야 하지?

범식 그래야 단군의 자식을 찾을 수 있으니까.

캐순 단군신화엔 단군이 결혼했다는 말도, 심지어는 자식이 있다는 말도 없어. "왜 그것을 밝히지 않았을까?"라고 묻는 게 더 단군신화를 존중하는 게 아닐까?

뭉술 그러게. 결혼과 자식은 엄청 중요한 건데~.

범식 왕의 경우엔 특히 그렇지.

캐순 단군신화를 형상화하고 또 그것을 후대에 알려준 사람들마다 그게 중요하지 않다고 여긴 건 아닐까?

범식 왕의 후계 문제가 중요하지 않으면 뭐가 중요한데?

캐순 이제부터 캐물어봐야지!

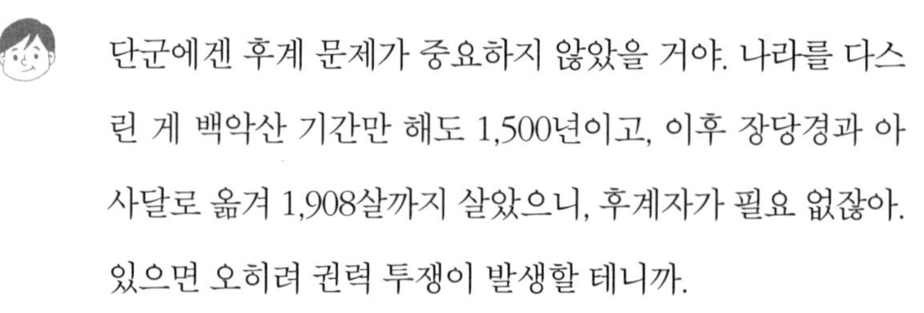

단군에겐 후계 문제가 중요하지 않았을 거야. 나라를 다스린 게 백악산 기간만 해도 1,500년이고, 이후 장당경과 아사달로 옮겨 1,908살까지 살았으니, 후계자가 필요 없잖아. 있으면 오히려 권력 투쟁이 발생할 테니까.

범식 그건 한 사람의 단군이 아니라 (고)조선의 모든 왕들의 재위 기간을 합해 놓은 거지!

캐순 단군은 한 사람의 이름이 아니라 최고위 직책을 말한 게 아닐까? 단군을 단군왕검이라고 하는 것도 생각해봐야 할 것 같고.

범식 단군은 제사장을 뜻하고, 왕검은 정치적인 수장을 뜻한다고 해.

뭉술 단군은 교황이란 뜻이고, 왕검은 왕을 뜻한다는 건가?

범식 응, 단군이든 왕검이든 한 사람을 가리키는 고유명사가 아니라 어떤 것을 일반적으로 지칭하는 보통명사인 거지.

캐순 그렇다면 곰여인과 환웅이 만나 낳은 것은 한 사람이 아니라 '나라 그 자체'라고 할 수도 있잖아?

범식 제사장으로 표상* 되는 종교와, 왕으로 표상되는 정치를 낳은 셈이니까 그렇다고 할 수 있겠지. 단군이 한 일이 '나라를 세운' 것과 '도읍을 정한' 것이라고 말한 까닭도 그 소리를 하고 싶어서였다는 생각이 든다.

뭉술 그럴듯하긴 한데, 사람들이 있어야 나라가 되는 것 아니야?

범식 당근이지! 환웅이 내려올 때 3,000명의 무리와 함께 왔기도 했고, 단군왕검이 태어나기 전에 이미 "곡식, 생명, 질병, 형벌, 선악 등 인간 세상의 360여 가지 일을 주관해, 재세이화在世理化했잖아! 세상을 이미 이치에 따라 다듬고 있었던 거지.

단군왕검은, 조선이라는 이름을 내걸고 1,908년 동안 당당하고 평화롭게 서있었던 나라 전체를 표상한다고 봐야 할 것 같다.

뭉술 웅녀와 환웅이 1,908년이나 가는 나라를 낳았다는 거지?

범식 그래. 단군신화가 눈짓하고 있는 게 바로 그것이라는 생각

* 실제 대상을 그대로 머릿속으로 가져와서 다룰 수 없기 때문에, 그 대상을 어떤 상징이나 다른 형태로 추상화하여 다루는 것을 말한다.

이 든다. 단군은 조선이라는 나라 그 자체를 표현한 말인 게 틀림없어.

'단군은 나라다.' 멋진 말이다! 그러면 그 나라가 보여주는 꼴은 어떤 형상이었을까?

범식 웅녀와 환웅이 힘을 합쳐 낳은 게 단군왕검, 즉 조선이니까 환웅과 웅녀가 어떤 존재였던가를 알아보면 그 윤곽이 드러나겠지.

홍익인간에의 꿈

뭉술 나는 곰처녀가 정말 대단하다고 생각해. 삼칠일이기는 하지만, 어떻게 쑥과 마늘만 먹고 살지?

캐순 곰과 호랑이에게 쑥과 마늘만 먹어야 사람이 될 수 있다고 말한 까닭이 뭘까?

뭉술 곰과 호랑이 둘 다 고기를 좋아하는데……. 정말 힘들었겠다. 사람이 되는 게 무척 힘든 일이라고 알려주고 싶어서 그런 게 아닐까?

범식 단지 힘들게 하기 위해서는 아닐 것 같아. 실제로 바뀔 방법을 알려주었을 거야. 환골탈태할 수 있는 길을 알려줬다고 봐야지.

뭉술 어떤 게 환골탈태인데?

범식 뼈대와 창자를 다 바꾼다는 게 환골탈태이니까, 전혀 다른 삶을 사는 게 환골탈태지.

캐순 다른 삶을 살려면 마음을 바꿔 먹어야 하잖아? 먹는 걸 바꿔야 하는 게 맞네~.

뭉술 먹는 게 바뀐다고 어떻게 사람이 바뀌니?

캐순 먹어야 할 게 몸을 위한 양식만일까? 마음을 위한 양식도 먹는 거잖아. 그동안 곰처럼 살게 하는 양식을 먹었으니까 곰처럼 산 것이고, 호랑이처럼 살게 하는 양식을 먹었으니까 호랑이처럼 산 것일 거 아냐. 사람이 되려면 그동안 먹던 것을 끊고, 다른 것을 먹어야 하는 거지.

와우~. 그럴 듯하다. 보는 책이 바뀌면 사람이 바뀔 수 있을 거야. 말초 신경만 자극하는 책만 보거나 폭력적인 게임만 하던 사람이 고전을 꾸준히 지속적으로 읽게 되면, 어느 날 문득 다른 사람이 되어 있을 거라고 생각해. 마늘과 쑥만 먹으라고 한 것은 숨 쉬며 살아있는 생명체를 잡아먹지 말라는 소리가 아닐까?

캐순 그 말 역시 그럴 듯하다. '남을 죽여 피가 뚝뚝 떨어지는 살을 먹는 짐승의 습성을 끊어내야 사람'이라는 소리야말로 인문 세계가 이룬 쾌거니까.

뭉술 남을 잡아먹는 자를 사람이라고 할 순 없지. 그건 짐승이지.

캐순 그런데 왜 하필 쑥과 마늘이었을까? 다른 식물도 많이 있는데 말이야.

범식 쑥과 마늘은 약초니까, 치유되어야 할 곰과 호랑이라는 뜻이 아닐까?

뭉술 곰과 호랑이처럼 남의 피와 살을 먹은 것 때문에 그 사람의 마음과 정신이 망가졌기에, 약초를 먹어 그걸 치유해야 한다는 뜻이라는 거지?

범식 그래. 짐승처럼 되어버린 사람을 치유해 다시 사람으로 만들 수 있는 게 구체적으로 무엇인지는 모르겠지만, 그런 것이 필요한 것만은 틀림없겠지.

캐순 의문 나는 게 있어.

뭉술 왜 없겠니, 캐순인데! 말해봐. 내가 시원하게 풀어줄 테니까.

"너희가 이것을 먹되, 햇빛을 백 일 동안 보지 않으면 문득 사람의 형상을 얻으리라"라고 했잖아. 왜 햇빛을 보지 말라고 했을까?

뭉술 그러게. 햇빛을 봐야 자랄 수 있는 건데.

범식 곰이 사람이 되는 것은 탈바꿈이고, 변환이고, 환골탈태잖아. 이런 걸 '거듭남'이라고도 하지. 거듭나려면 죽어야 해. 죽지 않으면 다시 태어날 수가 없잖아?

캐순 죽음은 햇빛을 보지 않는 거니까, 햇빛을 보지 말라는 것은 죽으라는 소리 같다.

뭐! 죽고 다시 태어난다고? 죽으면 끝이잖아. 어머니 뱃속으로 들어갔다 다시 나오기라도 해야 한다는 거니, 그럼?

범식 여기 또 '니고데모'가 있었네.

캐순 그게 무슨 소리야? 니고데모가 누군데?

범식 성서에 나오는 사람인데 예수님이 "내가 진정으로 너에게 말한다. 누구든지 다시 나지 않으면, 하나님 나라를 볼 수 없다"라고 하자, 니고데모가 대꾸했어. "사람이 늙은 뒤에, 어떻게 다시 태어날 수 있겠습니까? 어머니 뱃속에 다시 들어갔다가 태어날 수야 없지 않습니까?"

캐순 요즘의 많은 기독교인들처럼, 비유를 문자 그대로 받아들였구나! 예수님도 갑갑했겠네. 예수님은 뭐라고 말씀하셨니?

범식 "내가 진정으로 너에게 말한다. 누구든지 물과 성령으로 나지 않으면, 하나님 나라에 들어갈 수 없다. 육으로 난 것은 육이요. 영으로 난 것은 영이다. 너희가 다시 태어나야 한다고 내가 말한 것을, 너희는 이상히 여기지 말아라."*

뭉술 물과 성령으로 거듭나라고?

캐순 햇빛을 보지 않는 죽음을 겪고, 쑥과 마늘을 먹어 다시 태

* 새번역 〈요한복음〉 3장 3~7절.

어나라는 거지.

물술 햇빛이 들지 않는 곳은 어디지?

캐순 굴속이라 해야 하지 않을까? '굴속처럼 깜깜하다'는 말도 있으니까.

굴속은 어머니 자궁을 상징하기도 해. 민속학자인 김열규 교수의 말을 들어보자. "굴은 곰이 사람이 되는 변신 과정에서, 금기를 실행하는 장소로서의 기능을 다하고 있다. 이때, 굴은 격리와 단절의 수용처 또는 은신처를 의미하면서, 동시에 죽음과 재생을 가르는 현장으로서 모태를 상징한다."*

뭉술 정리하면, 웅녀는 죽었다가 다시 살아났다는 거네. '자기죽임'의 고통과 외로움, 슬픔을 다 견디고 다시 일어섰다는 거지?

캐순 와~ '자기죽임'이란 말 정말 잘 골랐다는 생각이 든다. 죽었다가 다시 살아난 거지. 삼일 만이 아니라, 삼칠일 만에.

범식 감탄은 조금 더 있다가 해도 늦지 않아. 곰아가씨의 그런 정신과 의지는 거기에서 그치지 않았거든. 다른 존재를 만나 새 생명을 내어놓겠다는 어기찬 꿈을 꾸었잖아?

캐순 새 생명을 탄생시키기 위해선, 그녀가 만나야 할 사람도 웅

* 한국문화상징사전편찬위원회 편,《한국문화 상징사전 1》(동아출판, 1992), 227쪽.

골찬 꿈을 꾸는 사람이어야겠지?

범식　당연하지. 꿈꾸지 않는 사람을 만나면, 새 사람이 아니라 때가 덕지덕지 붙어있는 사람을 낳을 테니까! 그가 꾼 꿈은 뭐라고 할 수 있을까?

뭉술　'홍익인간에의 꿈'이지. 널리 인간 세상을 이롭게 하겠다(인간 세상에 넓고 큰 보탬을 가져다주겠다)는 꿈 말이야.

범식　그 부분을 정확히 읽어보면 뭉술이 말과는 조금 달라. 환웅의 아버지 환인이 홍익인간을 할 만한 곳을 찾아낸 것이지 환웅이 그곳을 바랐던 건 아니야.

범식이 말이 맞아. 하지만 아버지가 그곳을 내려다본 건 아들 "환웅이 자주 천하에 뜻을 두고 인간 세상을 탐색하며 알맞은 곳을 찾고 있었기" 때문이었어. 아버지는 아들의 꿈이 무엇인지를 알아, 그것을 이룰 수 있는 곳을 찾아준 거라고 봐야 해. 홍익인간은 아들 환웅의 꿈이었던 거야.

뭉술　참된 사람이 되려는 마음은 곰아가씨의 꿈이었고.

범식　참된 사람을 함석헌 선생님은 씨올이라 했지.

뭉술　씨올? 음…… '씨올'에 대해 좀 더 설명해 줄래?

범식　좋지~. 샘이 《맹자》의 글을 소개하시면서 "뜻 얻으면 씨올[民]로 더불어 말미암고"라는 구절을 인용*하신 것 기억나?

* 이양호 지음, 《진시황을 겁쟁이로 만든 단 한 사람》(평사리, 2018), 16쪽.

그러니까 백성, 민중, 인민을 뜻하는 '백성 민民'을 순우리 말로 살려서 새로 쓴 말이 바로 씨올이야. 함석헌 선생에 따르면 '씨올'의 '씨'는 씨앗을 가리켜. '올'은 세 가지 의미가 담겨있는데, "'ㅇ'은 지극히 크고 초월적인 하늘, 'ㆍ(아래 아)'는 인간에게 내재된 극소의 하늘, 'ㄹ'은 생동하는 생명"을 뜻해.*)

홍익인간에의 꿈과 씨올에의 마음이 만나 탄생시킨 단군나라가 조선인 거로구나.

* 한국 현대사의 큰 스승이었던 함석헌(1901~1989년)은《씨올의소리》를 창간하면서 '씨올'의 의미를 밝혔는데, 그에 따르면 씨올의 본질적 의미이자 핵심 원리는 '하나됨'이다. 구체적으로는 하나님, 자아, 생명 간의 합일을 가리키며, 궁극적으로는 온 세계의 합일을 의미한다. 이러한 이해를 바탕으로 그는 이승만·박정희 정권 등 불의한 독재세력과 싸웠으며, 인권·평화·공동체운동 등을 전개하였다. 함석헌은 모든 생명이 본래부터 전체를 지향한다고 여기고, 인간 역시 공동체를 통해 조화를 이루며 살아가야 한다고 보았다. 함석헌의 사상을 흔히 씨올사상이라고 일컫기도 한다.

02

고통과 대립의 새로운 물결

신라의 새로운 도약, 불교

박혁거세와 알영, 석탈해, 김알지가 번갈아가며 태어나 신라라는 나라의 싹을 틔우고 자라게 했어요. 이것이 시작이 되고 힘이 되어 큰 줄기를 우뚝 솟구치게 한 때를 신라의 봄이라 할 수 있을 거예요. 여름에 나무는 잎을 무성하게 하고, 둥치를 가능한 한 크게 키워내죠. 하지만 여름은 찜쪄 먹게 무더운 더위가 계속되고, 뜨거운 햇볕에 살이 익어가는 시절이기도 해요. 땀과 피가 범벅이 되어 흘러내리는 때인 거지요. 신라의 여름도 그랬어요. 법흥왕과 진흥왕을 앞뒤로 하는 시기가 그때라 할 수 있죠. 여름을 '제대로' 지내기 위해서는 도약이 필요해요. 도약을 위해서는 새로운 물결이나 힘이 그 나라에 생겨나야 하고요. 그런데 새로운 물결은 늘 고통과 대립 속에서 이루어지죠. 무엇이 그 도약을 이끌고, 그것이 퍼뜨리는 고통과 대립을 어떻게 처리하는 가는 나라마다 다르지만 말이에요.

범식 신라에선 불교가 그 구실을 했나요?

야옹샘 그렇다고 생각해요.

뭉술 신라는 불교를 쉽게 받아들이지 않았잖아.

범식 고구려나 백제와는 달리, 신라에서 불교는 쉽지 않았지. 하지만 삼국 중 불교에 가장 매료된 나라는 신라였어. 불교 사상을 담고 있는 이름을 가진 왕이 고구려엔 아예 없고, 백제왕 중엔 존재감이 거의 없는 법왕(599~600년)이 유일하거든. 반면에 신라엔 법흥왕과 진흥왕은 말할 것도 없고, 진지왕, 진평왕, 선덕여왕, 진덕여왕도 불교식 명칭을 쓰고 있어.

캐순 정말 그러네. 신라 불교에 특별한 게 있었나?

범식 신라 불교가 고구려나 백제 불교와 달랐는지는 모르겠지만, 불교가 받아들여지는 과정은 달랐어. 다른 두 나라는 특별한 어려움 없이 불교를 받아들였는데 신라는 무척 힘들게 받아들였거든.

 이차돈의 순교가 있은 뒤에야 신라에 불교가 공인되었으니까, 틀린 말은 아니네.

캐순 법흥왕이 이차돈을 죽인 거 말이지?

법흥왕이 이차돈을 죽이고, 이차돈은 순교했다고 말하는 게 맞는 말인지 난 잘 모르겠어.《삼국유사》에서 일연 스님이 하는 말을 차근차근 따라가 보면 뭔가 이상하거든.

뭉술 이차돈의 순교가 의심된다는 말이야?

야옹샘 그 일에 대해선 나중에 보기로 하고, 우선은 〈거문고 갑을 쏘아라〉 조목을 살피도록 하죠. 신라 사회에 불교가 받아들여지는 초기의 면모를 응축하고 있는 이야기라는 생각이 들거든요.

"거문고 갑을 쏘아라"

【거문고 갑을 쏘아라】 제21대 비처왕(일연 주: 소지왕이라고도 한다) 즉위 10년 무진년(488년)에 하늘샘 정자[天泉亭]로 행차하는데, 까마귀와 쥐가 나타나 울어댔다. 그러다가 쥐가 사람 말을 했다.

"이 까마귀가 가는 곳을 찾아가 보시오."(일연 주: 혹은 신덕왕이 흥륜사에서 향을 피우려는데, 길에서 여러 마리 쥐가 서로 꼬리를 물고 가는 것을 보고는 괴상해서 돌아와 점을 치니, 내일 맨 먼저 우는 까마귀를 찾아가라고 했다는데, 이 견해는 틀렸다.)

왕은 말을 탄 병사에게 뒤따르게 했다. 남쪽 피촌避村(일연 주: 경주의 남산 동쪽 기슭)에 이르렀는데, 돼지 두 마리가 싸우고 있었다. 병사는 멈춰 서서 그것을 구경하다가, 까마귀가 간 곳을 놓치고 말았다. 길을 잃고 헤매는데, 그때 연못 속에서 한 노인이 나와 편지를 바쳤다. 겉봉에 씌어있었다.

"뜯어보면 두 명이 죽고, 뜯어보지 않으면 한 명이 죽는다."

왕이 뒤쫓게 했던 병사가 돌아와서 편지를 바쳤다. 왕이 말했다.

"두 명이 죽는 것보다는 뜯어보지 않아 한 명이 죽는 것이 낫겠지."

천지의 변화를 살펴 길흉을 판단하던 일관日官이 아뢨다.

"두 사람은 일반 백성이요, 한 사람은 왕입니다."

왕은 옳게 여겨 편지를 뜯었다. 거기엔 다음처럼 씌어 있었다.

"거문고 갑을 쏘아라."

궁궐에 도착한 비처왕은 거문고를 담아둔 거문고 갑을 향해 활을 쏘았다. 내전內殿에서 분향 수도하는 승려와 궁주宮主가 그 안에서 몰래 간통하고 있었다. 그 둘을 죽였다.

이로부터 나라 풍속에 정월 첫 돼지날, 첫 쥐날, 첫 말날에는 모든 일에 조심하고 꺼려 함부로 출입하지 않았다. 그리고 정월 보름날을 까마귀의 기일忌日로 삼아 찰밥을 지어 제사를 지낸 것이 지금까지도 행해지고 있다. 이것을 '달도'라고 하는데, 슬프고 걱정스러워 온갖 일을 조심하고 금한다는 뜻이다. 또한 명을

까악~
찍!
찍찍

내려 그 연못을 '서출지'*라 했다.

 특이한 이야기이긴 한데, 불교가 받아들여지는 초창기 이야기라는 생각은 안 든다.

캐순 비처왕이 편지를 뜯자 이상한 말이 쓰여져 있었고, 그 말에 따르자 놀라운 일이 드러났던 것처럼, 이 이야기를 뜯어보면 깜짝 놀랄 일이 나타날지 모르지.

범식 비처왕 때, "내전에서 분향 수도(향을 피우며 수도하는 스님)하는 승려와 궁주가 그 안에서 몰래 간통하고 있었다"라고 했는데 나는 이 말에 의문이 들어. 이때는 신라에 불교가 공인되기 한참 전인데, 궁중에서 '분향 수도하는 승려'를 말하고 있다는 게 안 맞아. 그래서 사람들이 이 일이 일어난 시기를 "신덕왕이 흥륜사에서 향을 피우려" 할 때로 지목하는 것에 대해서도 좀 더 깊이 생각할 필요가 있다는 생각이 들어.

뭉술 일연 스님은 '그 견해는 틀렸다'라고 단호하게 말했잖아.

캐순 궁중이 아니라 내전이 정확한 표현이야. 내전은 왕비를 비롯해 궁중의 여성들이 머무는 곳만을 지칭해. 신라 왕궁 전

* 지금 경주시 남산동에 있고, 양기못이라고도 부른다.

체를 위해서 스님이 있었다는 소리는 아니야.

뭉술 궁주는 왕비라고 봐야겠지?

야옹샘 그렇게 확신할 수는 없지만 대체로 그렇게 보고 있어요. 조선시대 역사학자인 안정복도 《동사강목》에서 이 여인을 비처왕의 왕비 선혜공주라고 지목했어요.

범식 그 말이 맞다면 왕비와 스님이 간통한 사건이라는 거네. 편지를 뜯어보지 않았다면 왕이 죽었을 수도 있었겠네.

캐순 이상하지 않니?

뭉술 나는 하나도 이상하지 않은데~. 왕비와 스님이 놀아나는 게 영 있을 수 없는 일은 아니잖아?

그 소리가 아니라, 거문고 갑 속에서 그 일을 한다는 게 이상하다는 거지. 거문고 갑이 크면 얼마나 크겠어?

범식 캐순이 말을 듣고 나니 정말 이상하다는 생각이 든다. 그렇다면 거문고 갑을 무언가의 표상으로 봐야 한다는 건데…….

뭉술 간통도 물리적인 사실이 아니라, 비유로 봐야하는 게 아닐까?

캐순 그래야 할 것 같아. 단순한 왕비의 간통이라면, 그것으로 한 왕의 시대 전체를 드러내기엔 무게가 한참 떨어진다고 생각해. 그러니 그런 일이 《삼국유사》와 같은 극도로 집약

되어 있는 역사책에 실릴 리도 없어. 간통의 비유적인 의미는 뭘까?

물술 하긴 그래. 거문고 갑이 아무리 크기로서니 거기에 두 사람이 들어가 연애를 한다는 것도 말이 안 되지.

범식 간통이란 긴밀한 관계가 이루어져서는 안 되는 것과 긴밀한 관계에 들어간 상태라고 말할 수 있겠지.

뭉술 그렇지. 왕비가 스님과 긴밀한 관계가 되면 안 되지.

캐순 그 일을 물리적인 사실 차원에서 보아서는 안 되고 비유 차원에서 봐야 한다니까 그러네.

범식 당시 불교는 신라에서 공인이 되지 않았잖아. 왕비가 그런 종교를 갖는다는 것은 믿어서는 안 되는 신과 교통하는 셈이지. 이런 걸 간통이라고 표현할 수 있지 않을까?

특정한 스님과의 관계가 아니라, 한 스님으로 대표되는 불교와의 간통으로 이해해야 한다는 거지?

뭉술 나는 이해가 안 돼. 신라에 불교가 들어오지도 않았는데 어떻게 궁중 내전에 스님이 있고, 스님이 왕비와 만났느냐는 거야.

범식 신라에 불교가 공인되지 않았다고 해서, 그곳에 불교가 안 들어왔다는 소리는 아니거든. 조선이 가톨릭을 공인하지 않았을 때도, 다산 정약용 같은 조선의 지식인들이 가톨릭을 받아들이고 영세[*] 도 받고 했잖아. 가톨릭 사제도 없이 조선 사람들만 모여 예배도 드렸고.

캐순 일반 백성들이나 지식인이 이질적인 신앙을 받아들이는 것과, 왕비가 그것을 받아들이는 것엔 차이가 있다고 생각해. 왕비가, 나라가 금지하는 신앙을 갖는 것은 힘들다고 봐. 특별한 계기가 있다면 모를까.

범식 계기가 없었던 건 아니야. 광개토대왕이 신라에 불교를 가져왔을 수 있어.

뭉술 정말? 고구려의 광개토대왕 말이지?

그래. 고구려가 신라를 도와주러 내려온 적이 있거든. 이기백 교수가 밝힌 걸 읽어줄 테니까 들어봐.

광개토왕이 병사 5만을 보내어 신라에까지 와서 왜병을 내쫓았음은 너무도 유명한 사실이지만, 당시 고구려에서는 불교가 어지간히 성하여서, 왕이 불교를 숭신하라는 교敎를 내리고(392년, 고국양왕) 평양에 구사九寺를 짓는 등(393년, 광개토대왕)의 사실이 전하여지고 있다. 이렇게 융성 일로를 밟던 불교가 신라와의 국가적 접촉이 잦아짐에 따라 자연 전하여졌을 것임은 넉넉히

* 가톨릭 신자가 된 것을 확증하는 세례의식으로, 죄를 씻고 새로 태어났음을 상징한다.

짐작되는 일이다.*

캐순 신라 입장에선 고구려군이 구원군이기도 하고, 또 고구려가 최전성기를 누리고 있었을 때였으니까 고구려를 통해 들어온 불교는 선진 문물이라는 생각이 들기도 했겠다. 그 때는 신라에 불교가 퍼졌을 수도 있었겠는데?

그런 추론이 맞다면, 왕비가 불교를 받아들였기로서니 그것을 간통에다 비유하진 않았을 거 같은데?

범식 뭉술이 네 말도 일리가 있다. 왜 그렇게 표현했지?

캐순 샘! 그 사이 불교와 관련해서 신라에 무슨 일이 있었나요?

야옹샘 신라 역사를 알려드릴게요. 신라는 17대 내물왕 때 고구려의 도움으로 왜군과 가야군을 물리쳐요. 고구려군은 바로 돌아가지 않고 눌지왕 때까지 신라에 머물렀어요. 신라를 식민지 비슷한 상태로 만들었죠. 18대 왕이 된 실성은 고구려에 볼모로 가 있다가 고구려의 환심을 사 왕위에 올랐어요. 내물왕에게 아들이 3~4명이 있었는데도 그들을 제치고 왕좌를 차지한 거죠. 실성왕이 통치한 지 15년이 지난 어느 날 이번에는 그가 고구려군에게 살해당해요. 고구려

* 이기백 지음,《신라사상사연구》(일조각, 2010), 9쪽.

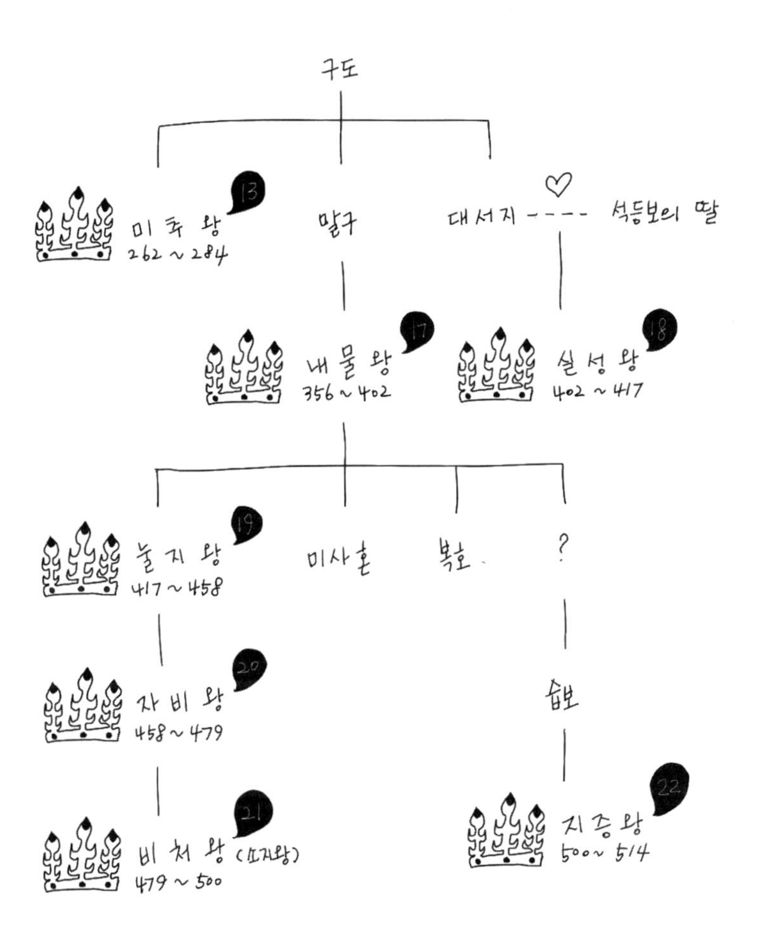

구도
미추왕
262~284
13
말구
대서지 ---- 석등보의 딸
내물왕
356~402
17
실성왕
402~417
18
눌지왕
417~458
19
미사흔
복호
?
자비왕
458~479
20
습보
비처왕 (소지왕)
479~500
21
지증왕
500~514
22

는 내물왕의 큰아들을 왕위에 앉히죠. 19대 눌지왕도 고구려가 세운 거지요. 박제상(김제상이라고도 한다)이 일본에 갔다가 돌아오지 못했던 사건*도 내물왕과 실성왕 그리고 눌지왕 사이에서 일어난 꼴사나운 일이에요. 관심 있는 사람은 한번 찾아보세요.

범식 아,《삼국유사》〈실성왕〉 조목에 나오는 게 그 소리였구나! 읽어줄 테니까 들어봐.

실성왕은 전왕의 태자인 눌지가 덕망이 있다는 소리를 듣는 것이 싫어, 그를 죽이려 했다. 그래서 고구려 병사를 청해 놓고 [그들과 눌지를 죽이는 밀약을 했다. 실성왕은 그것을] 숨기고 눌지를 맞이하는 체 했다. 하지만 고구려 병사들은 눌지에게 '보다 나은 행실賢行'† 이 있는 것을 보고, 창을 거꾸로 하여 외려 실성왕을 죽였다.

* 박제상은 왜국에 인질로 잡혀 있던 눌지왕의 아우 미사흔을 신라로 데려오기 위해, 눌지왕의 명을 받고 왜국에 갔다. 신라를 배반하고 도망쳐왔다고 왜왕을 속인 다음 미사흔을 빼돌려 신라로 도망치게 한 뒤, 자신은 미사흔이 도망가는 시간을 벌어주기 위해 그곳에 그대로 있다가 왜왕에게 불에 태워져 죽임을 당했다. 고향 신라에선 그의 아내가 그를 기다리다 돌이 되어버렸다. 사람들은 이 돌을 망부석이라 했다.

† '賢'은 본래 정치적이고 행정적인 일을 잘할 수 있는 능력을 가리킨다. 일을 잘하면 백성들에게 그 공이 돌아가기에, 여기서 '어질다'는 뜻이 파생되었다.

물술 그러면 신라와 고구려의 사이가 좋았을 거 아니야. 최소한 눌지왕과 그를 따르는 사람들은 고구려를 좋아했을 텐데, 왜 불교가 정식으로 받아들여지지 않았지?

눌지왕이야 그렇다고 할 수 있겠지만, 자비왕과 비처왕이 고구려를 좋아했을까? 아무리 자기 아버지나 할아버지를 왕으로 만들어줬기로서니, 멋대로 구는 고구려가 눈엣가시처럼 여겨지지 않았을까? 그들을 그대로 두고서는 왕의 권위가 설 수 없는 노릇이기도 했을 것이고.

범식 《삼국사기》에 보면 눌지왕이 중반 이후엔 백제와 우호 관계를 맺고, 신라 땅에서 사냥을 하는 고구려 장군을 습격해 죽이기도 해. 고구려가 백제를 침략하자, 백제와 연합군을 이루어 고구려를 물리치기도 하지. 백제와의 이런 연대는 자비왕, 비처왕을 거쳐 진흥왕 초기까지 쭉 지속되었어. 역사학자들은 이것을 '나·제 동맹'이라고 해.

뭉술 〈거문고 갑을 쏘아라〉 이야기는 신라와 고구려가 적대할 때 일어난 거네. 불교를 고구려군이 가지고 들어왔다면, 신라인이 그것을 적대적으로 보는 것도 이상하지 않겠다.

불교와 전통신앙과의 싸움

캐순 동감이야. 분위기를 좀 바꿔보자. 돼지, 쥐, 말, 까마귀, 이런 것은 뭘까? 왕비가 불교에 푹 빠져 있는 사실을 알려준 동물들 말이야.

물술 편지는 노인이 줬어.

캐순 그들이 다 같은 편이었던 거지. 심지어는 천지의 변화를 살펴 길흉을 판단하던 일관조차도 같은 편이었다고 할 수 있을 것 같아. 이들은 왜 같은 편이 되었지?

범식 그러게. 왕비 편은 아무도 없고.

뭉술 거문고가 왕비 편이잖아.

어째 뭉술이의 장난기가 발동 안 하나 했다~

캐순 잠깐! 정말 왜 거문고 갑 속에서 왕비와 스님이 놀아났다고 말했지? 구석진 방이라든가, 창고 속이라고 하는 게 더 그럴듯했을 텐데, 왜 하필 거문고일까? 거문고에 뭐 특별한 게 있나?

뭉술 가야금이라면 모를까, 거문고는 그냥 거문고야.

캐순 가야금엔 가야 나라의 슬픈 이야기가 들어 있지. 거문고엔 그런 이야기가 없나? 참, 거문고는 어느 나라 악기지?

범식 고구려 악기야.

캐순 뭐? 그거 사실이야?

범식 두 견해가 있긴 한데, 어느 쪽이든 고구려 악기라고 할 수 있어. 거문고는 고구려 벽화에 나올 정도로 오래된 고구려

의 전통 악기라는 것과, 또 다른 것은 중국의 칠현금(《삼국사기》에 진晉나라에서 고구려에 칠현금을 보내왔다는 기록이 있다)을 고구려 왕산악*이 개량한 게 거문고라는 거야.

물술 불교도 고구려에서 왔고 거문고도 고구려에서 왔으니까, 같은 편이라 해도 괜찮겠다.

캐순 그럼 불교파와 비불교파로 나뉘잖아. 두 세력 사이의 큰 다툼이 이 이야기에 들어 있단 말인가?

범식 비불교파를 전통파라고 할 수 있겠다. 돼지, 쥐, 말, 까마귀는 전통적인 신앙과 관계될 것이고, 천지의 변화를 살피던

* 당시 그는 고구려의 제2 재상의 자리에 있었으며 100여 곡을 지었다고 한다. 그가 개량한 악기로 곡을 지어 연주하니, 검은 학이 날아와서 춤을 추었다. 그래서 사람들은 그 악기를 현학금玄鶴琴이라고 하였다고 전해진다.

일관과 노인도 그 범주에 넣을 수 있는 거잖아?

캐순 무속신앙에서 연못은 용왕님과 관계있는데 노인이 그곳에서 나왔고, 돼지는 굿판에서 빠질 수 없는 제물이고, 일관 역시 전통적으로 제사장 구실을 했을 테니까, 범식이 말이 정말 그럴 듯하다는 생각이 든다.

 그러면 "거문고 갑을 쏘아라"라는 명령(?)은 새로 들어온 이질적인 신앙을 물리치라는 소리였던 셈이네.

범식 '명령!' 아니 '협박'이었다는 게 더 맞을지도 모르겠다. "두 사람은 일반 백성이요, 한 사람은 왕입니다"라고 했는데, 누가 왕을 죽인다는 거지? 왕이 왕비와 스님을 죽이지 않으면, 전통적인 신앙 세력이 왕을 죽이겠다는 협박일 수도 있잖아?

뭉술 죽고 싶어 안달이 난 것도 아니고, 왕을 어떻게 협박해?

캐순 신앙 대 신앙의 싸움에선 가능할 것도 같은데?

범식 그 당시 신라는 왕권이 그리 튼튼하지 않았어. 정확히는 '왕'이 아니라 '이사금'이었지. '이사금'은 여러 귀족 중 '첫째 귀족'이라 하는 게 더 사실에 가깝다고 할 수 있어. 다른 귀족들이 충분히 협박할 수 있었다고 생각해.

캐순 아, 신라에서 불교가 이렇게 일단 좌절했던 거구나!

비처왕을 이어 등극한 왕이 지증왕인데요. 당시 세력 간의 관계를 다른 각도에서 살펴볼 수 있는 게 〈지철로왕(지증왕)〉 조목이에요. 〈거문고 갑을 쏘아라〉 조목 바로 다음에 나오죠. 범식이의 주장도 곁들여서 말할 수 있는 기회가 있을 거예요.

03

욕망을 실현시키기 위해서라면

지증왕 음경의 길이는 한 자 다섯 치

【지철로왕(지증왕)】 제22대 지철로왕의 성은 김씨, 이름은 지대로 또는 지도로이다. 시호는 지증인데, 시호를 이때 처음 썼고, 우리말로 왕을 마립간이라 한 것도 이 왕 때부터이다. 왕은 영원 2년 경진년(500년)에 즉위했다(일연 주: 혹은 신사년이라고 하니, 그러면 영원 3년이 된다).

왕은 음경의 길이가 한 자 다섯 치여서 맞는 짝을 찾기가 어려웠다. 관리를 삼도에 보내 짝을 찾게 했다. 사신이 모량부牟梁部 동로수冬老樹 아래에 이르렀을 때, 두 마리의 개가 북만큼 큰 똥덩어리의 양쪽 끝을 물고 으르렁거리고 있는 것을 보았다. 마을 사람들에게 묻자, 한 소녀가 대답했다.

"이 고을(모량부) 상공相公의 딸이 여기서 빨래를 하다 숲속에 숨어서 눈 것입니다."

그 집을 물어가 상공 딸을 살펴보니 키가 일곱 자 다섯 치나 되었다. 왕에게 이 사실을 자세히 보고했다. 왕이 수레를 보내 그녀를 궁궐로 맞아들여 황후로 책봉하자, 신하들이 모두 축하했다.

한편, 아슬라주(일연 주: 지금의 명주[강릉]이다)의 동쪽 바다 가운데에 순풍을 타면 이틀거리에 우릉도가(지금은 于를 羽로 쓴다) 있는데, 둘레가 2만 6,730걸음이다. 섬 오랑캐들이 물이 깊은 것을 믿고 건방지게 신라의 지배를 받으려 하지 않자, 왕이 이찬[제2관등] 박이종*에게 병사를 거느리고 가 그들을 치게 했다. 박이종이 나무로 사자를 깎아 큰 배 위에 싣고 그들을 위협하며, '항복하지 않으면 이 짐승을 풀어놓겠다'고 말하자, 그들이 두려워 항복했다. 왕이 박이종에게 상을 내리고 아슬라주의 우두머리로 삼았다.

물술 어? '독도는 우리 땅' 노래에 나오는 지증왕에 관한 이야기네. 샘이 "당시 세력 간의 관계를 다른 각도에서 살펴볼 수 있을 거"라고 하셨는데, 이 이야기에 세력 간의 관계가 어디에 나온다는 거지? 내 눈에는 전혀 띄지 않아. 엉뚱하게

* 《삼국사기》에는 김씨인 이사부로 되어 있다.

부끄럽사옵니다
훌륭한 똥이다!!
와락
멍~멍
으르릉

도 왕의 음경 얘기 밖에 없잖아?

범식 설마하니 왕의 음경을 자로 재봤겠어? 설사 재봤다 하더라도, 그것이 한 자 다섯 치라는 건 말도 안 돼. '세 치 혀'란 말로 유추해 보면, 한 자 다섯 치*는 혀 다섯 개 크기야. 팔뚝보다도 더 크단 말이지. 그러니까 그 말을 비유로 받아들이지 않으면 안 된다고 생각해.

당연히 비유로 받아들여야지. 지증왕에 대해 그렇게 말한 것은 지증왕의 권력욕이 엄청났다는 소리겠지?

범식 그럴 것 같기는 해. 그런데 《삼국사기》 〈지증마립간〉 조목에 보면, 지증왕이 예순 넷에 왕위에 오르거든. 그때서야 배우자를 맞이했을 리는 없을 텐데, 그때서야 짝을 찾는 것으로 나오고 있으니, 무슨 소리를 하고 싶어 그렇게 표현했는지 나는 도통 모르겠다.

뭉술 예순 넷에 왕이 되었다고? 그럼 왕의 음경 얘기가 정말 비유라고 하는 게 맞겠다.

왕 집안과 박씨 집안과의 연합

캐순 범식이 너 정말 대단하다. 《삼국사기》도 다 읽고~

* 열 치가 한 자인데, 삼국 및 통일신라시대에는 약 23센티미터가 한 자였던 것으로 추정한다. 고려시대엔 이보다 긴 약 31센티미터를 한 자로 여겼다.

범식　우리가 함께 말을 나눌 내용이 《삼국유사》의 지증왕 때 얘기니까, 조금 더 철저히 하기 위해 《삼국사기》에서 지증왕 때 언저리를 읽어왔지. 그래도 지증왕 때 모량리 아가씨가 싸놓은 북만큼 큰 똥덩어리가 뭔지는 모르겠는걸 뭐.

야옹샘　준비는 범식이처럼 하는 거예요, 알았죠? 샘이 귀띔을 해줄 테니까, 그것으로 그럴 듯한 말을 만들어보세요. 전덕재 교수가 쓴 논문에 다음과 같은 대목이 있어요.

경주 시내에서 대대로 살았던 박씨 집단이 5세기 대에 금척리나 그 근처 지역으로 이주하여 대형 적석목곽분을 거기에다 조성하였다. 그들의 이주는 모량부의 지배 세력이 사라리 집단에서 박씨 집단으로 바뀌었음을 의미하는 것으로 이해된다. 신라 중대, 고대 시기에 박씨 집단은 금척리나 그 근처에서 대대로 살았다.*

모량리는 손씨가 살던 곳이라고《삼국유사》〈신라 시조 혁거세왕〉 조목에 나오잖아요.

야옹샘 맞아요. 조금 어려운 말을 해야겠네요. 범식이가 말한《삼국유사》의 내용은 신라 중대 이후에 있었던 일을 고대에다가 투영한 것이에요. 학문적으로 너무 깊이 들어가면 힘드니까, 전덕재 교수가 한 말을 인용만 할게요.

지금까지 신라 중대에 6부 사람에게 성을 하사하였음을 살펴보았다. 이에 따르면, 6부의 하나인 손씨 성을 모량부 사람에게 하사한 시기 역시 중대였다.†

범식 생각해보니《삼국사기》〈지증마립간〉 조목에서, "지증왕

* 전덕재, 〈경주 사라리고분군 축조 집단의 정치적 성격과 그 변천〉,《한국상고사학보》 제56호(2007), 163쪽.

† 전덕재, 같은 책, 161쪽.

의 비는 박씨 연제부인(영제부인이라고도 한다)이며, 이찬 등흔의 딸"이라고 한 게 떠올랐어. 〈지철로왕〉 조목에 나온 모량리 상공의 이름이 '박등흔'이었던 거네. 《삼국유사》 〈왕력〉 편에도 모량리와 박씨가 나와. "진흥왕의 비* 는 식도부인이라고도 하는데, 박씨이고 모량리 영실 각간의 딸이다"라고 되어 있어.

여러 증거로 보아, 모량리는 박씨 집안이 집단을 이루어 살던 곳이라는 게 맞겠다. 맨 처음에는 어땠는지 몰라도, 지증왕 땐 모량리가 박씨 아지트였네.

캐순 이 이야기를 풀기 위해선, 박씨를 잘 고려해야 한다는 건데…….

범식 영제부인이 박씨인 게 왜 중요하지? 박씨와 지증왕의 맺어짐을 눈여겨봐야 할 까닭이라도 있나?

뭉술 박씨 하면 박혁거세부터 내려오는 빵빵한 집안이잖아?

범식 정치적인 연합을 그렇게 말했나? 큰 음경으로 비유되는 지증왕의 욕망을 실현시켜 줄 수 있는 집단은 유서 깊은 박씨 집안이라는 소리였단 말이야~

캐순 지증왕의 욕망이 뭔데?

* 어머니라고 나와 있지만 착오가 확실하다. '비는 사도부인인데'란 글이 빠져서 그렇게 된 듯하다.

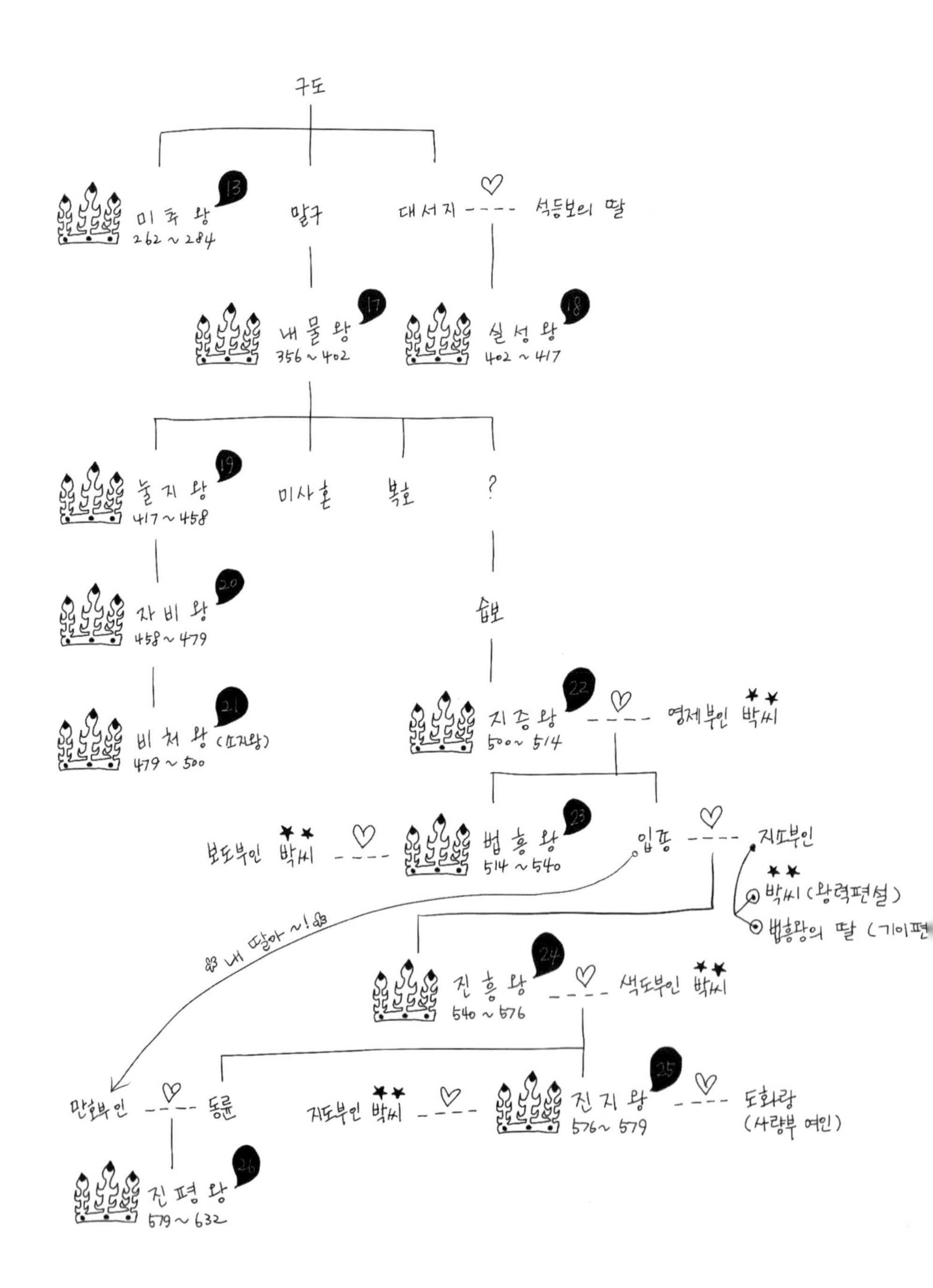

구도
13
미추왕
262 ~ 284
말구
대서지 ---- 석등보의 딸
17
내물왕
356 ~ 402
18
실성왕
402 ~ 417
19
눌지왕
417 ~ 458
미사흔
복호
?
20
자비왕
458 ~ 479
습보
21
비처왕 (소지왕)
479 ~ 500
22
지증왕
500 ~ 514
영제부인 박씨
보도부인 박씨
23
법흥왕
514 ~ 540
입종
지소부인
박씨 (왕력편설)
법흥왕의 딸 (기이편
내 딸아 ~!
24
진흥왕
540 ~ 576
색도부인 박씨
만호부인
동륜
지도부인 박씨
25
진지왕
576 ~ 579
도화랑
(사량부 여인)
26
진평왕
579 ~ 632

범식 왕이 되는 거였겠지. 그의 할아버지가 누군지 알 수 없을 정도로 상대적으로 약한 집안이거든.

뭉술 비처왕에겐 아들이 없었나?

범식 있었어. 하지만 아들이 태어나자마자 비처왕이 죽었어.

캐순 그렇다면, 누가 왕이 될 것인가를 두고 공기가 험악했겠네. 박씨 집안을 등에 업은 것은 큰 위력이었겠다. "두 마리의 개가 북만큼 큰 똥덩어리의 양쪽 끝을 물고 으르렁" 댈 정도로 박씨 집안의 세력이 컸다니까.

뭉술 내 생각엔 다른 사람도 박씨 집안과의 연합을 꾀했을 것 같아. 그 똥의 양쪽 끝을 물고 서로 으르렁대던 두 마리의 개가 그걸 뜻하는 게 아닐까?

범식 어쭈, 제법 그럴 듯한데! 지철로(지증왕)가 어부지리 했을 가능성이 다분해.

야옹샘 그럴 듯한 추론이네요. 왕의 자리를 놓고 다툼이 있었는지, 박씨 집안을 서로 등에 업으려고 했는지는 아직까지 학계에 밝혀진 거는 없어요. 하지만 지증왕의 등극 시기에 왕권이 매우 약하지 않았나 하는 생각은 할 수 있는 게 있어요. 이때의 왕은 귀족 중 한 명이라고 입증할 수 있는 고고학적 증거가 있거든요. 지증왕 4년(513년)에 세워졌을 것으로 추정되는 '영일 냉수리비'가 그것이에요. 빗돌에는 어떤 재산

권 문제를 판결하는 내용이 써져 있는데, 그것을 결정하고 보증하는 사람의 이름이 7명 나와요. 문제는, 지도로 갈문왕(지증왕)을 포함해서 6부 출신의 고위 관리 한 명씩 총 7명을 모두 '왕'으로 표현하고 있다는 거예요.

범식 지증왕은 집단 지도 체제의 대표자에 지나지 않았다는 것을 알려주는 내용이네.

야옹샘 그래요. 샘이 여러분께 귀띔해줄 게 또 하나 있어요. 앞쪽에 있는 도표에서 지증왕부터 진지왕까지를 눈여겨 봐보세요. 뭔가 특이한 게 보일 거예요.

캐순 나는 눈매가 맵지 못해서 그런지 잘 찾아지지 않는다. 눈이 좋은 뭉술이 네가 찾아야지, 뭐해?

뭉술 찾았어. 왕비가 모두 박씨야!

우와~ 정말 그렇다. 그럼 지증왕이 왕위에 오른 500년부터 진지왕이 죽은 579년까지 왕비가 '내리' 박씨였다는 거잖아!

캐순 그 정도면 지증왕과 박씨 집안의 연합 권력이라고 해도 틀린 소리가 아니겠다.

뭉술 뚱덩어리가 그만큼 컸던 거지. 사실 이것도 여성의 그것이 크다는 것을 그렇게 표현한 말이기는 하지만.

범식 나는 처음에 '한 남녀의 그것이 컸다'는 뚱딴지같은 소리를 왜 하는지 싶었는데, 그것이 80년 이어진 연합 정권의 출발이었다고 생각하니까, 《삼국유사》에 실릴 충분한 가치가 있다는 생각이 든다.

캐순 야옹샘! 진지왕 다음인 진평왕의 짝은 박씨가 아니었나 보죠?

야옹샘 옙! 마야부인 김씨가 그의 짝이었어요.

범식 마야부인이라고요? 부처님의 어머니 이름이 마야부인이잖아요? 그나저나 80년 만에 박씨가 왕비에서 밀려나고 김씨가 왕비까지 차지했다는 거네요.

야옹샘 맞아요. 그런데 진지왕은 나랏사람들에 의해 쫓겨났어요. 우리의 흥미를 돋우는 게 그 이야기에 있다는 것만 살짝 귀띔해 드릴게요. 이 이야기와 딱 이어지는 것은 아니지만, 진평왕의 짝이자 선덕여왕의 어머니 이름이 마야부인인 것에도 재미있는 게 있어요.

뭉술 집에 가서 찾아봐야지~

캐순 야옹샘! 박씨 집안은 왕비를 배출해 권력에 참여한 것으로 끝인가요?

야옹샘 아니요. 이제부터 본격적으로 박씨 이야기를 하려고 해요. 이차돈이 박씨라는 거 아세요?

뭉술 예~ 그럼 박이차돈이라는 거예요? 요즘에 어머니와 아버지 성을 다 써서 자기 성으로 삼던데, 이차돈도 그랬나 보죠?

야옹샘 그건 아니고요. 이차돈에서 '이차'가 이름이고, '돈'은 이름 뒤에 붙여서 별명처럼 만드는 구실을 해요.

정식 성명은 '박이차'라는 거네요. 내 성은 독고이고 이름은 그냥 '뭉'인데, 아이들이 나를 '뭉술'이라고 부르는 것처럼 별명이라는 거죠?

야옹샘 아주 정확했어요. 뭉술이가 자기와 같은 경우여서 그런지 이해가 빨랐네요. '독고뭉' 보다는 '뭉술'이가 확실히 더 친근하네요. 이제 《삼국유사》에 실린 이차돈 얘기를 읽어보죠. 그런데 이 이야기는 〈기이〉 편에 있지 않고, 〈기이〉 바로 뒤에 있는 〈흥법〉(부처님의 법과 진리를 일으키고 세웠다는 뜻) 편에 있어요. 언뜻 보면 이건 이상한 일이에요. 법흥왕의 일 중에서 가장 중요한 게 '불교 공인'이니까, 〈기이〉* 편 〈법흥왕〉 조목에 나오는 게 자연스럽기 때문이에요. 더 이상한 것은 〈법흥왕〉 조목이 〈기이〉 편에 아예 없다는 점이에요. 지철로왕을 이은 왕이 법흥왕이니까, 〈지철로왕〉 조목 다음에 〈법흥왕〉 조목을 두어 그 곳에 싣는 게 맞을 것

* 일연은 왕들의 이야기를 〈기이〉 편에 실었다.

같은데, 일연 스님은 그렇게 하지 않았어요.

범식　스님의 마음을 추측해 보자면, 〈흥법〉 편에 실은 이야기가 〈법흥왕〉 조목에 해당한다는 것을 알리고 싶어서 그러지 않았을까요?

야옹샘　그렇게 말할 수도 있을 것 같아요. 조목 이름이 〈원종(법흥왕의 이름)이 부처님의 법을 일으키고 염촉(이차돈을 이두나 향찰식으로 표기한 이름)이 몸을 바치다〉로 되어 있거든요.

뭉술　어느 한 사람에 관한 게 아니라는 것을 밝히려 두 사람의 이름을 넣어서 조목의 이름을 지었을 것 같다.

캐순　그 내용을 〈기이〉 편에 두고, 〈흥법〉 편에는 그것을 싣지 않아도 되는 거잖아?

뭉술　그러게. 왜 그랬을까?

캐순　스님이어서 그런 게 아닐까? 아무래도 스님에겐 〈흥법〉이 〈기이〉보다 더 애착이 가지 않았을까? 〈흥법〉은 '부처님의 법'에 관한 것이고, 〈기이〉는 단지 왕들에 관한 '신이한 일'에 지나지 않으니까.

범식　법흥왕의 입장에선 어느 쪽에 실리고 싶어 했을까?

뭉술　당연히 〈기이〉 편이겠지. 왕들의 이야기가 쭉 실려 있는 〈기이〉 편에 실려 있는 게 폼이 나잖아?

범식　과연 그럴까? 법흥왕이 말년에 왕의 자리를 넘겨주고 출가했는데도?

뭐? 법흥왕이 출가했다고?

캐순　그래. 오늘 말을 나눌 〈원종이 부처님의 법을 일으키고 염촉이 몸을 바치다〉 조목에 다 나오는 말이잖아! 법흥왕의 비도 함께 머리를 깎고 출가했어. 그러니까 제대로 읽어와야지~

뭉술　미안. 법흥왕이 머리 깎고 출가했다면 〈흥법〉 편에 자신의 이야기가 실리는 걸 더 바랐을 수도 있겠다. 얼른 본문을 차근차근 읽으면서 '말나누기'를 하자.

캐순 · 범식　그러자.

04

온 세상에 꽃비가 내리나니

절을 지어 '선'을 이루려는 법흥왕

【〈원종(법흥왕의 이름)이 부처님의 법을 일으키고(일연 주: 눌지왕 대로부터 100년 남짓 뒤이다), 염촉(이차돈을 이두나 향찰식으로 표기한 이름)이 몸을 바치다〉】《삼국사기》〈신라본기〉에 다음처럼 기록되어 있다. "법흥대왕이 왕위에 오른 지 14년에 하급 관료인 이차돈이 부처님의 법을 위해 몸을 바쳤다." 이 해는 중국 양梁나라 보통 8년 정미년(527년)이며, 인도의 달마대사가 중국 금릉으로 온 때이다. 이 해에 낭지법사도 영취산에 머물며 첫 법문을 열었다. 큰 가르침의 흥성과 쇠퇴가, 반드시 중국과 신라에서 서로 감응해 동시에 이루어졌다는 것을 이 점에서 알 수 있다.

원화(당나라 헌종의 연호로 806~820년에 사용했다) 시기에, 남간사*의 일연 스님이 〈촉향분 예불 결사문〉†을 지어, 이 일을 상세하게 알렸다. 그 대강을 옮기면 다음과 같다.

범식 이차돈의 일이 527년에 일어났고, 그 일을 기록한 게 806년부터 820년 사이라면, 거언 300년이 지나서야 기록으로 남겼다는 건데, 정말 의외다.

뭉술 단편적인 기록은 전부터 있었겠지.

범식 그랬겠지만, 300년이 지나서 스님들이 그것을 기록으로 남기며 결사까지 맺었다는 건, 그 시대가 그것을 요구했다고 봐야지 않을까? 800년대면 신라가 한참 내리막길로 쏟아질 때거든. 경주 백률사에 있었다는 이차돈의 순교비도 817년에 제작되었어.

그때 왜 이차돈 얘기가 새삼스레 다시 떠올랐을까? 이것을 신라 역사와 곁들여서 묻는 것도 빼놓아서는 안 되는 헤아림이라고 생각해. 그렇지만 이차돈의 순교를 우선 확실히 알아보자.

* 경북 월성군 내남면 지역에 있던 절이다.

† 염촉 이차돈의 향기로운 무덤에 예불을 올리는 단체를 결성하며 지은 글이라는 뜻이다.

범식　좋아. 그때 스님들이 결사를 맺으며 기록해 놓은 것을 바탕으로 일연 스님이 간추린 것을 살펴보자.

법흥왕이 자극전紫極殿에서 왕위에 오르면서 해 뜨는 곳인 부상扶桑을 보며 말했다.

"옛날에 한漢나라 명제가 꿈에 감동하여 부처님의 법이 동쪽으로 흘러들어왔다. 왕의 자리에 오른 이때부터, 과인이 원하는 바는 백성을 위해 수복멸죄지처修福滅罪之處(복의 길은 닦고 죄의 길은 없앨 곳)를 짓는 것이다."

그러나 조정의 신하들(일연 주: 향전鄕傳은 공목, 알공 등을 지목했다)은 그 깊은 뜻을 미처 헤아리지 못하고 오직 나라를 다스리는 큰 뜻만 존중할 뿐, 절을 짓겠다는 신령스런 생각은 따르지 않았다.

뭉술 아니, 법흥왕이 왕위에 오르기 전에 이미 불교 신자였단 말이야? 나는 그동안 뭘 알고 있었던 거야! 그런 법흥왕이 왜 이차돈을 죽였지?

캐순 번갯불에 콩 볶아 먹듯 서두르지 말고 하나하나 밟아가자. 그러다 보면 그 이유가 밝혀지겠지. 법흥왕이 왕위에 오르자마자 하고 싶었던 게 절을 짓는 거였어. 그 정도로 그의 불심이 깊었다는 거지. 그는 어떻게 해서 불교를 만날 수 있었을까?

범식 법흥왕이 지증왕의 아들이니까, 지증왕을 통해 만났을 것 같아.

뭉술 지증왕도 불교 신자란 말이야?

범식 단언할 수는 없지만, 왠지 그럴 것 같아.

캐순 그럴 듯한 근거가 있니?

범식 첫째는 지증왕이 한 첫 일이 순장제(유력한 사람이 죽으면 그 사람을 모시던 사람을 죽여 함께 묻어, 저승에서도 모시라는 의미를 갖는 제도) 금지인 것으로 《삼국사기》에 실려 있다는 점이야. 이것이 불교 신자라는 것을 직접적으로 밝히는 것은 아니지만, 불교의 핵심인 자비와 순장제 금지는 통한다고 보여서 그래. 둘째는 그의 시호가 불교식 명칭인 지증이라는 점이야. 마지막으로 불교에 푹 빠져있는 법흥이 그의 아들이자 그의 뒤를 이어 왕이 되었다는 점이야.

나름 내세울 만한 근거라는 생각이 든다.

대왕은 깊이 한숨을 쉬며 혼잣말을 했다.

"아, 덕이 부족한 내가 왕업을 이어받아, 위로는 음양의 조화가 어그러졌고 아래로는 백성들의 기쁨이 사라졌구나. '이 일을 어찌해야 할까' 하는 마음으로 정사를 돌보고 틈이 날 때마다 부처님의 가르침[釋風]에 마음을 두었건만, 누가 있어 함께 이 일을 할 수 있단 말인가!"

이때 '두터이 내면을 기른 사람[粤有內養者]'이 있었다. 성은 박이고 이름은 염촉이다(일연 주: 혹은 이차라 하고 혹은 이처라 했는데, 이는 방언의 음이 다르기 때문이다. 그 뜻이 염이다. 촉, 돈, 도, 도, 독 등은 모두 기록하는 사람의 편의대로 쓴 것이다. 지금 앞의 두 글자, 즉 '이차'는 뜻을 살리고 뒷 글자 즉, '촉'은 번역하지 않아서 염촉 또는 염도 등으로 불렀다). 그의 아버지는 알 수 없다. 할아버지는 아진 종이니 갈문왕 습보의 아들이다(일연 주: 신라의 관작은 모두 17등급이다. 네 번째를 파진찬 또는 아진찬이라고 한다.

종은 그의 이름이고, 습보도 이름이다. 죽은 뒤에 왕으로 봉해진 사람을 신라에서는 모두 갈문왕이라고 불렀다. 그렇게 부른 까닭을 역사기록을 맡은 관료들도 모른다고 했다. 김용행이 지은 〈아도비〉를 보면, 사인(이차돈)은 그때 나이가 서른여섯이었고, 아버지는 길승, 조부는 공한, 증조부는 걸해대왕이라 나와 있다). 그는 대나무와 소나무 같은 굳셈을 자질로 삼고, 물과 거울 같은 맑음에 뜻을 두었다. 적선한(선을 쌓은) 사람의 증손이었다. 그는 임금을 지키는 사람이 되기를 바랐고, 거룩한 조정의 충신이 되어 태평성세를 만들 것을 희망했다. 그때 나이 스물두 살로 사인(일연 주: 신라의 관작에 대사, 소사 등이 있었는데 대체로 하급 관리에 속했다)의 자리에 있었다.

뭉술 이 일이 있었을 때 이차돈의 나이가 스물둘 밖에 아니었네.

범식 우리보다 겨우 몇 살 더 먹은 거지.

캐순 품은 뜻은 한참 윗길이고.

뭉술 어떻게 그는 "대나무와 소나무 같은 굳셈을 자질로 삼고, 물과 거울 같은 맑음에 뜻을 두"는 사람이 될 수 있었을까?

범식 스스로 '두터이 내면을 기른 사람'이 된 거지.

당연히 그렇겠지만, 내 눈엔 그는 "적선한 사람의 증손이었다"는 말이 들어온다. 이게 무슨 소리일까?

범식 증조부가 불교 신자였다는 소리일 것 같다. 선행과 선업을 쌓는 것은 불교 사상과 관계가 있으니까.

뭉술　불교만 선행을 얘기하는 것은 아니잖아?

야옹샘　뭉술이 말이 맞아요. 그런데《삼국유사》에서 말하는 '선'에 대해 조금 생각해볼 필요가 있어요.《삼국유사》 마지막이 〈효선〉 편인데, 그 첫 조목이 〈진정법사의 효와 선이 모두 아름답다〉예요. 이 이야기에 우리가 일반적으로 생각하는 선행이라 할 만한 것은 나오지 않아요. 단지 진정법사가 어머니의 말을 따라 출가한 것만 나와요.

캐순　《삼국유사》는 부처님의 제자가 되는 걸 '선'이라 했다는 거죠?

야옹샘　옙! 맞아요.

이차돈의 죽음에 얽힌 비밀

이차돈이 임금의 얼굴을 보고는 속내를 알아차려 말했다.

"신이 들으니, 옛 사람은 꼴을 베고 땔나무나 하는 사람에게도 계책을 물었다고 합니다. 큰 죄를 무릅쓰고 제 생각을 아뢰겠습니다."

"이것은 그대가 할 바가 아니오."

"나라를 위해 몸을 던지는 것은 신하의 큰 절개이고, 임금을 위해 목숨을 바치는 것은 백성이 해야 할 도리입니다. 거짓된 말을 전했다는 죄명으로 신의 목을 베시면, 만백성이 복종하고 감히 가르침을 어기지 못할 것입니다."

뭐야 이거! 이차돈이 법흥왕에게 자기 목을 베어 달라고 간청했단 말이야?

범식 더 황당한 건 "거짓된 말을 전했다는 죄명"으로 죽이라는 건데, 이차돈이 짓지도 않은 죄를 들어 죽이라는 거야.

캐순 "거짓된 말을 전했다는 죄명"에서 '거짓된 말'이 뭘까?

"부처님의 가르침은, 매를 피해 품속에 날아든 메추라기를 가엽게 여겨 메추라기 대신 그 만큼의 제 살을 매에게 떼어주고서, 메추라기와 매 둘 다를 살리는 것이오. 또한 제 한 목숨을 일곱 마리 짐승에게 넘겨주어 그들을 살리는 것이오. 짐의 뜻은 사람을 이롭게 하려는 것인데, 어떻게 죄 없는 사람을 죽일 수 있겠소?"

"버리기 어려운 게 목숨이라는 것, 잘 알고 있습니다. 하지만 저녁에 제가 죽어 아침에 큰 가르침이 행해진다면, 부처님의 해[佛日]가 다시 중천에 떠올라, 거룩한 주군[聖主]께서 길이 평안하게 될 것입니다."

"봉황의 새끼는 어려서부터 하늘 높은 곳에 뜻을 두고, 기러기와 고니 새끼는 나면서부터 물결을 헤칠 기세를 품는다더니, 그대가 딱 그와 같구려. 대사大士*의 행위라 이를 수 있을 것이오."

캐순 "저녁에 제가 죽어 아침에 큰 가르침이 행해진다면, 부처님의 해가 다시 중천에 떠"오를 것이라는 것은 그 전에도 신라에 부처님의 해가 떴던 적이 있다는 거잖아?

뭉술 앞에서 봤던 〈거문고 갑을 쏘아라〉 이야기에 불교가 이미 궁중에 들어와 있었잖아. 그때 불교가 밀려난 것을 두고 하는 소리가 아닐까?

그럴 수도 있겠다.

나는 이차돈의 증조부가 불교 신자였다는 생각이 확실히 들어. "봉황의 새끼는 어려서부터 하늘 높은 곳에 뜻을 두고, 기러기와 고니 새끼는 나면서부터 물결을 헤칠 기세를 품는다더니, 그대가 딱 그와 같구려." 이 말은 그 조상에 그 손자란 소리잖아.

범식 어떤 식으로 일을 꾸며서 순교자를 만들까?

뭉술 "거짓된 말을 전했다는 죄명"을 만들겠지.

대왕이 위의를 갖추고 무시무시하고 서슬이 퍼런 형틀을 갖추어

* 불보살佛菩薩을 대사라고 한다. 예컨대 관세음보살을 관음대사라고도 부른다. 또한 고승의 경칭으로도 쓴다.

두고는 신하들을 불러들여 물었다.

"경들은 내가 정사精舍*를 지으려고 하는데 일부러 머뭇거리며 어렵다고 하는가?"(일연 주: 다음처럼 전하는 또 다른 이야기가 있다. "이차돈이 왕명이라 하며, 절[寺]을 지으려는 뜻을 아래에 전했더니, 여러 신하들이 와서 왕에게 안 된다며 간쟁했다. 왕이 노하여 이차돈이 왕명을 거짓으로 전달했다는 죄로 형벌을 내렸다"고 했다.)

이에 신하들이 벌벌 떨며 황망히 그렇지 않다고 맹세하며 손으로 동서쪽을 가리켰다. 왕이 사인舍人(이차돈의 관직)을 불러 힐책하자, 사인은 얼굴빛이 변하면서 아무런 대꾸도 하지 못했다.

범식 정사를 절로 생각하면 안 될 것 같다. 만약 절이라면 이차돈이 절 짓는 것을 태만히 했다는 소리가 되는데, 어떻게 그가 부처님의 가르침을 펼치려다 죽은 순교자가 되겠어. 말이 안 돼!

캐순 나도 동감이야. 왕이 이미 절을 지으라고 명령을 내렸다면, 왕이 혼잣말로 "틈이 날 때마다 부처님의 가르침에 마음을 두었건만, 누가 있어 함께 이 일을 할 수 있단 말인가!" 하

* 이것은 불교의 절이 아니라, 전통적인 종교 수행처를 가리킨다고 봐야 한다. 그래야 왕이 이차돈과 계책을 짠 게 말이 된다. 실제로 도교의 수행처도 정사라고 한다. 지금 점집에 '~정사'라는 이름을 쓰는 것도 옛날부터 내려온 것이라 생각한다.

며 한탄한 게 설명이 안 되잖아.

법흥왕이 왕위에 오를 때부터 절을 짓고 싶어 했지만, 신하들의 반대에 부딪쳐 포기했던 것도 그래. 그런데 "거짓된 말을 전했다는 죄명"에서 거짓된 말은 뭐지?

범식 스님이 주를 달아 밝힌 또 다른 이야기를 참고하면 이해가 쉬워.

다음처럼 전하는 또 다른 이야기가 있다. '이차돈이 왕명이라 하며, 절을 지으려는 뜻을 아래에 전했더니, 여러 신하들이 와서 왕에게 안 된다며 간쟁했다. 왕이 노하여 이차돈이 왕명을 거짓으로 전달했다는 죄로 형벌을 내렸다'고 했다.

아하~ 왕이 절을 지으라고 한 게 아니라 정사를 지으라고 했는데, 이차돈이 신하들에게 거짓으로 왕명을 전해 '왕이 절을 지으라고 한' 거구나.

뭉술 그래서 신하들이 벌떼처럼 들어와 절을 지어서는 안 된다며 왕에게 항의를 한 것이고.

범식 그렇지. 그러자 왕은 '난 그런 명령 내린 적이 없다. 누가 감히 그런 소릴 했느냐?' 하며 화를 냈고.

대왕이 분노하며 이차돈의 목을 베게 했다. 관리가 그를 결박해서 관아로 데려갔다. 사인(이차돈)이 맹세한 뒤, 사형을 집행하는 관리가 목을 베었다. 흰 빛깔의 젖이 한 길이나 솟아올랐다(일연 주: 다음처럼 전하는 또 다른 이야기가 있다. "사인이 맹서했다. '큰 성인이신 법왕께서 불교를 일으키려고, 목숨을 돌아보지 않고 속세에서 맺은 인연을 버리셨으니, 하늘이시여 부디 상서로운 조짐을 사람들에게 두루 보여주십시오.' 이에 그 머리가 날아가 금강산 꼭대기에 떨어졌다"고 한다). 하늘은 어두워지고, 땅은 진동하고, 하늘에선 꽃비가 떨어졌다.

캐순　이차돈의 목을 자르자, 흰 피가 솟구쳤다고들 말하잖아?

범식　본문엔 분명히 '흰 젖'이 솟구쳤다고 되어 있어.

야옹샘　일연 스님은 이차돈을 기리는 시를 지어 이 일을 다시 한 번 전하는데, 거기에서도 분명히 '흰 젖'이라 했고요.《삼국사기》도 이 일을 알리면서 '흰 젖'이라 했어요.

뭉술　흰 피나 흰 젖이나 그게 그거잖아.

캐순　뭉술아, 너는 정말 '피'와 '젖'이 같다고 생각하니?

뭉술　굳이 따지면 다르지. 하지만 놀라운 일이 일어났다는 점에선 어느 것이어도 상관없잖아? 흰 젖이 나왔다고 하는 게 더 놀라운 일이기는 하겠다.

캐순　피와 젖의 차이가 그것뿐일까?

범식　피가 나오면 사람이 죽지만, 젖이 나오면 사람을 살리지.

뭉술　이차돈이 다른 사람을 살리기라도 했단 말이야?

캐순　불교인의 관점에선 그렇지. 부처님의 가르침을 못 듣는 것은 죽은 목숨이나 다름없다고 생각할 테니까.

뭉술　이차돈의 일은 비유가 아니라, 사실의 문제잖아?

범식　이 일이 있은 뒤 사람들의 태도가 확 바뀐 것으로 보아, 이 일을 비유로 생각하는 건 나도 무리라고 생각해.

나도 단순히 비유가 아니라고 생각해. 하지만 여기엔 숨겨진 비밀이 들어 있어. 본문을 다시 자세히 봐보자. "관리가 그를 결박해서 관아로 데려갔다. 사인(이차돈)이 맹세한 뒤, 사형을 집행하는 관리가 목을 베었다. 흰 빛깔의 젖이 한 길*이나 솟아올랐다." 흰 빛깔의 젖이 한 길이나 솟아오르는 걸 누가 보았지?

범식　관리가 거짓말로 그렇게 말했다고 생각하니, 너는?

캐순　왕과 이차돈이 입을 맞추는 걸 우리는 앞에서 확인했어. 사형 집행인과도 미리 입을 맞춰놓지 않는다는 게 더 이상하지 않니? 불교를 공인하기 위해 기적이 필요했던 거지.

뭉술　세상에나~ 그런 비밀이 있었다니.

* "열 길 물속은 알아도 한 길 사람 속은 모른다"는 속담에서 보듯, 어른 키 정도의 높이를 가리켰으나, 나중에는 2.4미터를 가리키기도 했다.

범식 탄생의 비밀이 아니라, 죽음의 비밀이 있었던 거네.

그건 그렇다 하더라도, "하늘은 어두워지고, 땅은 진동하고, 하늘에선 꽃비가 떨어졌다"는 사실을 어떻게 할 건데?

캐순 그건 특별한 사건에 의례 따라붙는 표현이라고 해야겠지. "하늘은 어두워지고, 땅은 진동하고." 많이 들어본 소리잖아?

야옹샘 여러분의 말은 충분히 그럴 듯하다는 생각이 드네요. 짜고 만든 일이라 하더라도, 하필 '흰 젖'이어야 했는가도 생각거리이겠죠. 범식이의 말, "피가 나오면 사람이 죽지만, 젖이 나오면 사람을 살리지"가 샘의 귀를 확 뚫어놓았다는 걸 밝혀야겠네요. 그래서 퍼뜩 떠오른 게 있어요. '흰 젖'과 불교는 상당히 연관성이 있어요. 불교에선 부처님이 전생에도 여러 번 이 세상에 나왔다고 하죠. 그 중 한 번은 찬제파리라는 이름으로 살았는데, 사람들에게 엄청 인기가 있었어요. 그 나라 왕은 인기 높은 찬제파리를 그냥 두고 볼 수 없어 그의 목을 벴죠.

뭉술 그 다음은~ 제가 할 수 있어요. 그의 목에서 피가 아니라, '흰 젖'이 나왔죠.

야옹샘 또 있어요. 제24대 조사祖師인 사자師子 스님도 그랬어요. 이 스님은 계빈국(펀자브 북쪽, 카불 동쪽에 있던 고대 국가)에서

불교를 전하다 그렇게 되었는데, 역시 '흰 젖'이 나왔어요. 그 스님은 완전히 이차돈이네.

이에 임금이 슬퍼하며 흘린 눈물이 곤룡포를 적셨다. 재상들은 근심과 상심으로 진땀이 머리에 쓴 관 사이로 흘러내렸다. 연못의 샘이 갑자기 말라 물고기와 자라가 다투어 튀어 오르고, 곧게 서있던 나무가 부러지니 원숭이들이 떼 지어 울었다. 동쪽 궁궐에서 함께 벼슬살이를 했던 동료들은 피눈물을 흘리면서 바라볼 뿐이었고, 대궐 뜰에서 소매를 잡고 교분을 나누었던 벗들은 애끓는 마음으로 널(관)을 바라보며 부모를 잃은 듯 애절하게 울었다. 그들 모두가 말했다. "개자추가 허벅지 살을 벤 것도 이차돈의 외로운 절개에는 비할 수 없고, 홍연이 배를 갈랐던 일도 그의 장렬함에는 견줄 수 없도다. 이는 임금의 신심을 붙들어 아도의 본심을 이룬 것이니 거룩한 사람이다"라 하였다. 북산 서쪽 고개에 장사지냈다(일연 주: 바로 금강산이다. 전해오는 말로는 '머리가 날아가 떨어진 곳에 장사지냈다'고 했는데, 여기서 그 사실을 왜 말하지 않았을까?). 사람들이 이를 슬퍼하여 좋은 곳을 가려서 절을 짓고는 '자추사'라 했다. (중략)

캐순 스스로 목숨을 내놓는 삶은 언제나 우리를 숙연하게 해.

물술 나이 스물 둘에 그렇게 할 수 있었던 뜻과 의지가 놀랍다.

사람으로 태어나서 숭고한 뜻을 새겨놓고 죽는다는 것이 참으로 아름답다는 생각이 든다. 글이 계속 이어지는데, 나머지는 조금 다른 얘기니까 건너뛰자. 다만 이 조목 마지막에 일연 스님이 이차돈과 법흥왕을 기리며 시를 남겼는데 그것을 보고 끝내자. 먼저 이차돈을 위한 거야.

놀라워라, 올바름 좇아 목숨 가벼우니
하늘 꽃 흩날리고 흰 젖 솟구쳐 감회를 더하네.
갑자기 칼 내리쳐 목숨 사라진 뒤
은은한 종소리 황제가 사는 서라벌 뒤흔드네.

캐순 일연 스님이 신라의 임금님을 황제라 했어. 그 분의 역사관이 어땠는가를 단적으로 알 수 있는 구절이라고 생각해.

범식 당당히 홀로 서 있는 나라라는 뜻이겠지.

뭉술 여기서도 흰 젖이라 했어!

캐순 앞으론 반드시 흰 피가 아니라, 흰 젖이 나왔다고 해야겠다. 스님은 법흥왕을 위해서도 시를 남겼어.

거룩한 지혜 예부터 만세萬世를 도모했네

구구한 소리들 추호도 따질 일 없어라.
부처바퀴[法輪] 풀려 삿된 것 물러나니, 거룩한 임금바퀴[金輪]
구르네
요·순堯舜 해(日) 막 오른다, 부처 해 중천에 떴어라.

캐순 일연 스님 때도 이차돈의 순교를 두고 "구구한 소리들"이 돌고 있었구나.

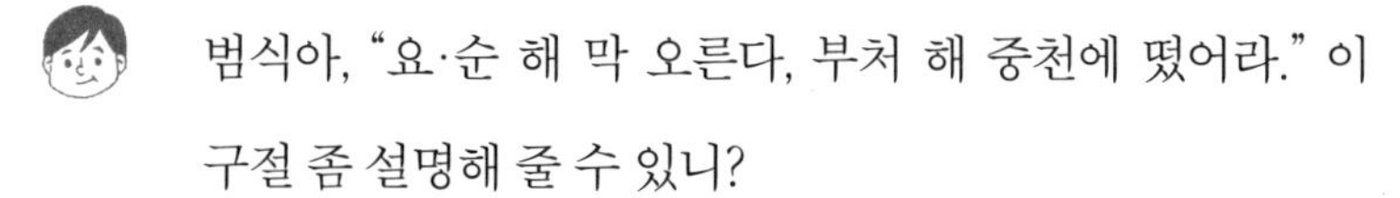
범식아, "요·순 해 막 오른다, 부처 해 중천에 떴어라." 이 구절 좀 설명해 줄 수 있니?

범식 한번 해볼게. '요·순'은 동아시아 문명이 가장 높이 치는 성군이라는 것을 너도 알거야. "요·순 해 막 오른다"는 소리는 법흥왕이야말로 요임금, 순임금이었다는 알림이라고 생각해. 재미있는 건, 그게 바로 부처님의 해가 중천에 떠 있는 표지라고 했다는 거지.

캐순 일연 스님에겐 유교와 불교가 함께 녹아들어 있었구나.

뭉술 정말로 법흥왕은 성군이었나?

범식 법흥왕 시절이 자세하게 나온 《삼국사기》를 보면 그렇다는 생각이 들어. 이웃 나라에게도 모질게 굴지 않은 듯해. 논란이 있겠지만, 이 점은 금관가야가 법흥왕 19년(532년)에 나라를 신라에 바친 데서도 나타난다고 생각해. 신라 통일의 주역인 김유신의 증조부가 금관가야 마지막 왕이었는데, 김유신이 백제를 무너뜨린 뒤, 당나라 소정방으로부터 땅을 떼어주겠다는 제안을 받았지만 거절해.

뭉술 거절하지 않고 받아서, 금관가야를 다시 일으킬 수도 있었을 텐데…….

캐순 금관가야 출신이 신라에서 홀대를 받지 않아서 그랬겠지?

범식 그 분위기가 법흥왕 때 이미 이루어졌을 거야. 《삼국사기》와 《삼국유사》를 보면, 김유신은 말할 것도 없고 그의 작은아버지, 아버지, 할아버지 모두 신라에 대한 충성심으로 가득 차 있거든. 이들은 다 신라 최고의 장군들이었어.

캐순 법흥왕이 신라 통일의 주춧돌을 마련했다고 할 수 있겠네. 그 위에 진흥왕이 기둥을 세우고, 그 뒤를 이은 왕들이 서까래를 놓고 또 지붕을 이을 수 있도록.

범식 그렇지. 법흥왕이 그런 임금이 될 수 있는 길을 이차돈이 마련해주었다는 점도 놓쳐서는 안 되고.

뭉술 좀 더 자세히 설명해 봐.

범식 이차돈의 순교 이후 신라는 불교 신앙으로 똘똘 뭉칠 수 있었어. 이런 상황이 만들어지지 않았다면 법흥왕이 다스렸던 시대는 특별할 게 없었을 거야.

범식이의 말에 조금 더 보탤게요. 신라 임금들의 시호를 보

면 크게 서너 시기로 나뉘어요. 지증왕 이전의 시호가 없던 때, 지증부터 법흥·진흥·진지·진평·선덕·진덕까지 불교 정신이 깃들어 있는 시호를 가진 임금들의 시대, 태종 무열왕과 문무왕이 보여주는 유교적인 시호*를 가졌던 시대, 마지막으로 신문·성덕·경덕 등 유·불 정신을 함께 버무려서 만든 시호† 시대가 그거예요. 이차돈의 순교로 신라가 불교 국가가 되었다고 해도 틀린 소리가 아닐 정도이니, 이차돈의 공적 또한 만만치 않았다고 해야겠지요.

캐순 신기하다. 정말 그러네. 하지만 불교 국가가 된 게 꼭 좋은 일이라고는 할 수 없잖아요?

야옹샘 샘도 일반적인 의미에선 그렇다고 생각해요. 하지만 이때의 신라 역사를 놓고 보면, 불교의 국교화가 신라에 큰 도움이 되었다고 말할 수는 있을 것 같아요.

범식 결과론적으로 보다 보니까, 너무 치우쳐서 생각하는 것 아니에요? 고구려나 백제도 불교 국가였잖아요.

야옹샘 불교를 받아들인 시기에 있어서 두 나라가 다 신라보다 앞서니까, 범식이처럼 말할 수도 있다고 생각해요. 하지만 두

* 유교가 특히 높이 치는 왕이 있는데, 주나라의 문왕과 무왕이다.

† 성聖, 덕德은 유교와 불교 다 중시하는 덕목이다.

나라 왕들의 이름이나 시호엔 불교적인 정신이 들어 있는 게 거의 없어요. 고구려와 백제에선 불교의 위치가 그리 대단하지 않았다고 할 수도 있는 거죠. 고구려와 도교가 깊은 관계에 있었던 것은 여러모로 밝혀져 있기도 하고요. 불교의 핵심 사상인 살생 금지에 있어서 신라는 이차돈의 순교와 더불어 바로 금했지만, 백제는 백제에 불교가 공인된 지 150년이 지나서야(599년) 선포되었어요. 심지어 법흥왕과 그의 비는 말년에 머리 깎고 출가하는 정도였어요.

 이차돈의 순교 때문에 신라인에게 불심이 아주 확고해진 건가?

야옹샘 그랬다고 할 수 있어요. 심지어 신라인은 석가모니가 신라에 태어날 것이라는 믿음을 가졌던 듯해요. 진평왕의 이름은 석가모니 아버지 이름과 같고, 진평왕 동생의 이름은 석가모니 동생들의 이름과 같아요. 자, 여기서 수수께끼를 낼게요. 진평왕 비의 이름은 뭘까요?

범식 마야부인이요!

야옹샘 그래요. 석가모니 어머니 이름, 마야예요.

뭉술 헐~ 그러면 진평왕 아들 이름은 석가모니인가?

캐순 진평왕에겐 아들이 없었어. 그래서 선덕여왕이 그 뒤를 이은 거잖아.

범식　아들을 낳았으면 정말로 석가모니라고 했을지 모르겠다. 신라인의 불교에 대한 태도가 진짜로 상상을 훌쩍 뛰어넘는다.

뭉술　그런데 왜 갑자기 시호가 유교적인 의미로 바뀌었을까? 태종 무열왕, 문무대왕은 철저히 유교적이잖아!

범식　생각해보니까, 왕들의 시호만이 아니라 신라 통일의 주역인 김춘추와 김유신의 이름도 유교적이야. 그때, 신라는 또 한 번 변혁을 이루었다고 봐야 할 것 같다. 불교 정신이 아니라, 유교 정신이 중심에 서는 나라로!

원광법사가 주었으며 화랑도의 신조가 된 세속 5계도 다분히 유교적이잖아? 사군이충(충심으로 임금을 섬긴다), 사친이효(효도로 어버이를 섬긴다), 교우이신(믿음으로 벗을 사귄다), 임전무퇴(싸움에 임해서는 물러나지 않는다), 살생유택(산 것을 죽일 때는 가림이 있다). 이것은 완전히 유교의 가르침이야. 불교의 가르침과는 달라도 너무 달라.

범식　맞아. "불살생"을 말하는 게 불교인데, 어떻게 임전무퇴와 살생유택으로 슬그머니 바꿀 수 있겠으며, "무소의 뿔처럼 혼자서 가라"[*]고 하는 게 불교인데 어떻게 '임금을 섬기라'

* 불교 최초의 경전이라고 말해지는《숫타니파타》의 핵심 구절이다.

고 할 수 있겠어. 진리나 도道, 부처님을 섬기라고 했다면 혹시 모를까! 사실 불교는 진리나 도조차 '깨치라'고 하지, '섬기라'고 하지 않아.

캐순 임금들의 시호에 유교의 정신을 넣었을 때, 신라는 또 한번 탈바꿈에 성공한 게 틀림없어. 그것의 열매가 통일이고.

맞네. 신라가 단지 당나라의 힘을 빌어서 통일을 한 게 아니었어!

야옹샘 통일을 이룬 뒤, 신라인에겐 또 한번 탈바꿈을 해야 한다는 깨침이 생겨났어요. 다음 시간엔 그 이야기를 보도록 하죠.

05

만만파파식적의 소리여, 퍼지라

만파식적을 얻은 신문왕

【만파식적】 제31대 신문대왕의 이름은 정명, 성은 김씨이다. 개요 원년 신사년(681년) 7월 7일에 즉위했다. 부왕인 문무대왕을 위해 동해 가에 감은사를 세웠다.*

이듬 해 임오년(682년) 5월 초하루 날† 바다를 살피는 관리 파진찬(제4관등) 박숙청이 알려왔다.

"동해 가운데 있던 작은 산이 떠 내려와 감은사 쪽을 향하는데

* 절의 기록엔, "문무왕이 왜병을 진압하려고 이 절을 지었으나 마치지 못하고 죽어 바다의 용이 되었고, 그 아들 신문왕이 즉위하여 개요 2년(682년)에 완공했는데, 금당 문지방 돌 아래에 동쪽을 향해 구멍을 파, 용이 절 안으로 들어와 마음대로 돌아다니도록 마련했다"고 한다. 대개 문무대왕의 유언에 따라 뼈를 묻은 곳을 대왕암, 절을 감은사, 나중에 용이 그 꼴을 드러낸 곳을 이견대라 했다.

† 다른 기록에는 천수 원년으로 되어 있으나, 틀렸다.

파도를 따라 왔다 갔다 하고 있습니다."

이상하다 싶어, 왕은 천문을 맡은 관리인 김춘질(춘일이라고도 한다)에게 점을 치게 했다.

"돌아가신 임금께서 지금 바다의 용이 되어 삼한을 지키고, 33천天의 한 아들인 김유신 공은 지금 내려와 큰 신하가 되었습니다. 두 성인께서 덕을 같이하여 나라를 지키는 보배를 내리려 하십니다. 폐하께서 바닷가로 행차하시면 값을 칠 수 없는 큰 보배를 얻을 것입니다."

왕은 기뻐하며 그달 초이레에 이견대로 갔다. 그 산을 바라본 뒤, 사신을 보내 알아보게 했다.

"산의 형세는 귀두龜頭(남자의 성기 모양)였고, 그 위에 대나무 한 그루가 있었습니다. 낮엔 둘로 되었다가 밤엔 합쳐져 하나가 되었습니다."*

바다로 나가 산을 살피고 돌아온 사신의 말을 듣고, 신문왕은 감은사로 가 하룻밤을 묵었다. 다음 날 한 낮에 대나무가 합쳐져 하나가 되었다. 천지는 진동하고 비바람은 몰아쳐 이레 동안이나 깜깜했다.

그달 보름을 지나 열엿새 날에 이르러서야 바람이 잦아들고

* 혹은 산 역시 대나무처럼 낮엔 벌어졌다가 밤엔 합쳐졌다고 한다.

물결이 잔잔해졌다. 왕이 배를 띄워 그 산에 들어가니 용이 검은 옥대를 가져와 바쳤다. 왕은 용을 영접하여 함께 앉았다. 왕이 물었다.

"이 산과 대나무가 어떤 때는 갈라지고 또 어떤 때는 맞붙고 한다는데 무슨 까닭인가요?"

용이 대답했다.

"한 손으로 치면 소리가 나지 않지만, 두 손으로 치면 소리가 나는 것에 빗댈 수 있습니다. 대나무도 마주 합친 뒤에야 소리를 냅니다. 거룩한 임금이 소리로써 천하를 이화理化할 것[以聲理天下]이라는 상서로운 알림입니다. 이 대나무를 가져다가 피리를 만들어 불면 천하가 평화롭게[天下和平] 될 것입니다. 이제 선왕이신 문무왕께선 바다의 큰 용[大龍]이 되셨고, 김유신은 다시 천신天神이 되셨습니다. 두 성인께서 마음을 한 가지로 하여, 값을 매길 수 없는 이런 큰 보배를 내어 저에게 바치도록 한 것입니다."

왕은 화들짝 놀랐다. 왕은 기뻐서 오색 비단과 금옥으로 답례를 했다. 사람을 시켜 대를 베어 가지고 바다에서 나오는데, 산과 용이 갑자기 사라져 보이지 않았다. 왕은 그날 감은사에서 묵고, 17일에 기림사 서쪽 시냇가에서 수레를 멈추고 점심을 먹었다. 태자 이공(나중에 효소왕이 됨)이 대궐을 지키다가 이 소식을 듣고는 말을 달려와 축하했다. 태자는 찬찬히 살펴보고 왕에게 아뢨다.

“이 옥대에 달린 장식들 모두 진짜 용입니다.”

“네가 그것을 어떻게 아느냐?”

“옥대의 장식 하나를 떼어, 물에 넣어서 보여드리지요.”

태자는 옥대의 왼쪽 두 번째 장식을 떼어 시냇물에 담갔다. 그러자 그것은 곧바로 용이 되어 하늘로 올라갔고 그 땅에는 못이 생겼다. 그래서 용연이라 했다.

행차에서 돌아온 왕은 그 대나무로 피리를 만들어 월성에 있는, 천존고(‘하늘 뜻은 높다’는 뜻의 창고)에 보관케 했다. 이 피리를 불면 적군이 물러가고, 병이 나았으며, 가뭄에는 비가 내리고 장마엔 비가 그쳐, 바람은 잦아들고 파도는 잠잠해졌다. 그래서 만파식적萬波息笛(‘온갖 걱정을 더는 피리’라는 뜻)이라 부르고, 국보로 삼았다.

효소대왕 때인 천수 4년 계사년(693년)에 부례랑(국선)이 살아 돌아온 신이한 일이 있었기에, 다시 이름을 고쳐 만만파파식적이라 했다. 자세한 것은 부례랑의 전기(《삼국유사》 〈부례랑〉 조목에 나온다—편집자)에 있다.

범식아, 네가 삼국 통일 후부터 신문왕까지의 신라 역사를 가볍게 훑어주면 안 될까?

모든 환자에게 무상 진료
토지 공개념!
전쟁 중지!
세금 감면!
일자리 마련, 청년... 알바...
수능 폐지!
흉년에는 가구당 쌀 20가마씩!!
!
복지 포퓰리즘 아님..!

범식 문무왕 668년에 고구려를 무너뜨리고 난 뒤, 신라에 평화가 찾아든 듯했으나 당나라가 신라까지 삼키려 들었어. 그래서 문무왕은 한편으론 당나라에 아부를 하고, 한편으론 당나라와 전쟁을 했지. 백제를 침략해 무너뜨리고 고구려를 무너뜨릴 때까지의 햇수보다 더 긴 시간을 당나라와 전쟁했지. 676년(문무왕 16년)에도 당나라의 설인귀 부대와 소부리주 기벌포에서 전투를 해 처음엔 졌지만, 이후 스물두 번의 싸움을 모두 이겨 당나라 군 4,000명의 목을 벴어. 대단한 승리였고, 이 전투 후 당나라는 더 이상 신라를 침략해 오지 않았지.

캐순 와~, 백제와의 전쟁부터 하면 17년이나 전쟁을 한 거네. 그 뒤론 당나라와 사이가 그래도 괜찮았니?

범식 당나라가 신라를 침략하진 않았지만, 신라를 지배하려는 야욕을 버렸던 건 아니야. 678년에도 당나라는 대규모로 신라를 침략하려 계획을 짰지. 하지만 서쪽 변방에 있던 토번국*이 당나라 서쪽을 침입해 들어오자, 긴 논의 끝에 신라 침략은 접었지. 그 이후에도 당나라는 신라에 대한 적개심을 버리지 않았어.

* 티베트고원의 중앙에 성립된 왕국으로, 7세기부터 9세기까지 2백여 년 지속된 티베트 지역 역사상 가장 강했던 왕조였다.

문무왕이 죽기 전에는 당나라와 관계가 정상화되어, 신라가 평화스런 상태가 되었니?

범식 당나라가 대규모로 신라 침략을 준비했다가 그만둔 뒤(678년), 3년 있다가 문무왕이 죽었어. 그때까지 당나라는 신라를 계속 적대했지. 발해(698~926년)가 만주 쪽에서 힘을 뻗어가자, 당나라는 할 수 없이 신라를 인정하고(성덕왕 때, 734년) 신라와 평화적인 관계를 가졌지.

물술 그럼, 신문왕 때는 당나라와 긴장 상태였겠구나.

두 나라 사이에 교류가 열리지 않고 긴장이 계속되긴 했지만, 신라는 꽤 평화로웠어. 당나라에서 측천무후*가 정권을 완전히 장악했다가(683년), 중종을 폐하고(684년), 스스로 황제에 오르는(690년) 정치 변동이 일어나 주변 나라와 갈등을 키울 수 없는 상황이었어. 신라로선 나라에 평화가 깃들게 할 수 있는 기회를 얻었지.

캐순 그런 국제적인 상황과 신문왕 때 만파식적을 만든 건 관계가 있겠지?

물술 만파식적은 바다에서 신비적으로 떠오른 대나무가 있어서 만들 수 있었던 거잖아.

범식 옛이야기는 사실을, 물리적인 사실처럼 있는 그대로 전달

* 중국에서 여성으로선 유일하게 황제가 되었던 인물로 당나라 고종의 황후였다.

하려는 생각은 없고, 문학적인 방식으로 전달하려 한다는 데 우리가 동의했잖아? 뭉술이 너 또 깜박했구나. 하긴 나도 자주 그래. 역사적인 건 다 물리적인 사실을 말하고 있다는 생각이 너무 깊이 들어와 있어서 말이야.

캐순 '문학어로 쓰인 역사책'이란 말이 생소해서 그래. 만파식적 이야기가 꽤 흥미롭기는 한데, 언뜻 읽어서 그런지 그 뜻이 잘 느껴지지 않는다. 다시 차근차근 살펴보자.

제31대 신문대왕의 이름은 정명, 성은 김씨이다. 개요 원년 신사년(681년) 7월 7일에 즉위했다. 부왕인 문무대왕을 위해 동해 가에 감은사를 세웠다.

이듬 해 임오년(682년) 5월 초하루 날, 바다를 살피는 관리 파진찬(제4관등) 박숙청이 알려왔다.

"동해 가운데 있던 작은 산이 떠 내려와 감은사 쪽을 향하는데 파도를 따라 왔다 갔다 하고 있습니다."

이상하다 싶어, 왕은 천문을 맡은 관리인 김춘질에게 점을 치게 했다.

"돌아가신 임금께서 지금 바다의 용이 되어 삼한을 지키고, 33천天의 한 아들인 김유신 공은 지금 내려와 큰 신하가 되었습니다. 두 성인께서 덕을 같이하여 나라를 지키는 보배를 내리려 하십니다. 폐하께서 바닷가로 행차하시면 값을 칠 수 없는 큰 보배를 얻을 것입니다."

왕은 기뻐하며 그달 초이레에 이견대로 갔다. 그 산을 바라본 뒤, 사신을 보내 알아보게 했다.

"산의 형세는 귀두였고, 그 위에 대나무 한 그루가 있었습니다. 낮엔 둘로 되었다가 밤엔 합쳐져 하나가 되었습니다."

바다로 나가 산을 살피고 돌아온 사신의 말을 듣고, 신문왕은 감은사로 가 하룻밤을 묵었다. 다음 날 한 낮에 대나무가 합쳐져 하나가 되었다. 천지는 진동하고 비바람은 몰아쳐 이레 동안이나 깜깜했다.

김유신 장군(595~673년)은 태종 무열왕 김춘추(604~661년)와 짝을 이루는 게 어울리는 것 같은데, 문무왕(626~681년)과 짝을 이뤘네.

범식 김유신과 김춘추는 나이도 엇비슷해서 친구이자 동지로서 거의 전 생애를 함께 지내기도 했고, 김유신이 자기 여동생을 김춘추와 짝을 맺어주려고 일부러 김춘추의 옷고름을 밟아 떨어뜨린 유명한 얘기도 있고, 김춘추가 고구려에 잡혀 있을 때 그를 구하러 간 게 김유신이니까, 뭉술이처럼 생각하는 게 더 그럴듯하기는 하지.

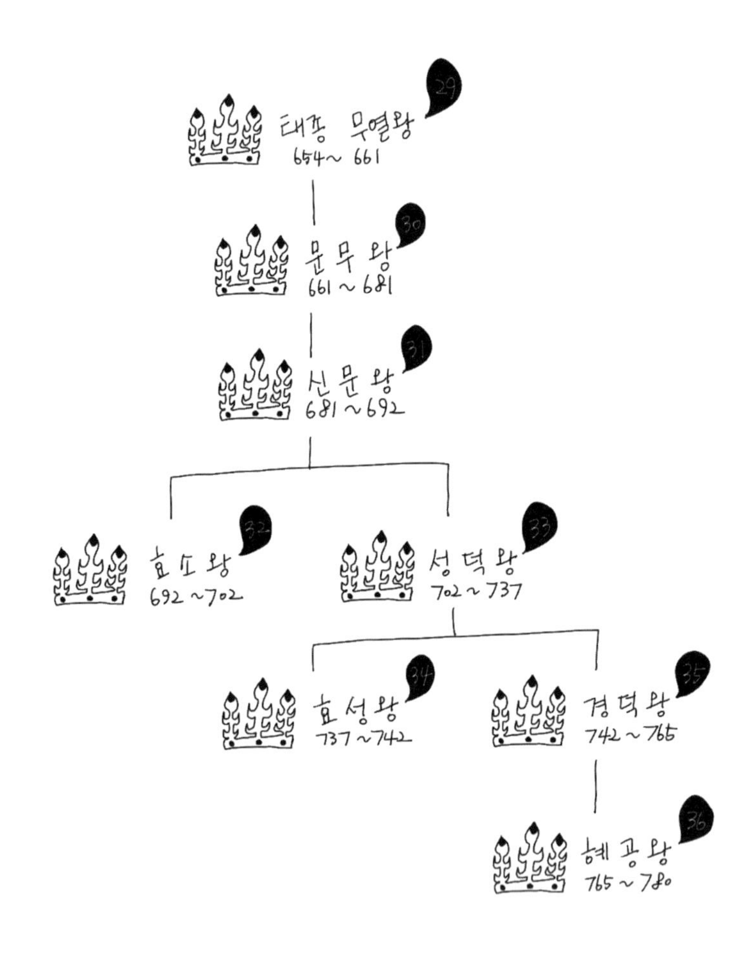
29
태종 무열왕
654~661
30
문무왕
661~681
31
신문왕
681~692
32
효소왕
692~702
33
성덕왕
702~737
34
효성왕
737~742
35
경덕왕
742~765
36
혜공왕
765~780

지금 문제되는 것은 나라를 지키는 것이어서 문무왕과 김춘추 장군이 짝으로 설정된 것이 아닐까? 김유신과 김춘추의 관계도 나랏일과 무관한 것은 아니지만.

뭉술 태종 무열왕은 나·당 연합군을 구성해 백제와 전쟁을 시작(660년)한 지 1년 만에 죽었다고 했지?

범식 맞아. 그는 신라의 17년 전쟁 중 1년 밖에 살아있지 않았어. 나머지 기간 동안 백제 부흥군·일본군·고구려·고구려 부흥군과 싸워 이기고, 마지막엔 당나라에게서 나라를 지켜내는 것은 문무왕과 김유신 장군의 몫이었지.

캐순 삼한일통(마한 변한 진한이 하나의 나라로 통일되었다는 뜻)과 관계된 왕은 태종 무열왕이라기보다는, 문무왕이네. 태종은 전쟁을 일으키기만 했고, 전쟁 시기의 파란만장과 우여곡절, 배신과 비참을 감당해 낸 건 문무왕이었을 테니까.

뭉술 만파식적 얘기도 전쟁과 관계있어서 문무왕과 김유신 장군이 짝을 지어 나왔나 보다.

범식 신문왕이 감은사로 가 하룻밤을 묵기 전만 해도, 대나무가 "낮엔 둘로 되었다가 밤엔 합쳐져 하나가 되었다"라고 했잖아. 그런데 신문왕이 거기 가서 하룻밤 자고 난 다음 날엔 "한 낮에 대나무가 합쳐져 하나가 되더니만, 천지는 진동하고 비바람은 몰아쳐 이레 동안이나 깜깜했다"라고 했어.

낮이 없어지고 온통 밤이 되어버린 셈이지. 이 말에 큰 의미가 들어있다는 생각이 들긴 하는데, 그게 뭔지는 모르겠어.

캐순 신문왕이 김유신 장군과 문무왕을 만나려 하자 낮이 사라지고 온통 밤이 되어 버렸다는 건, 그 만남이 좋지 않은 거잖아?

뭉술 '산의 형세가 귀두이고, 그 위에 대나무 한 그루가 있'는 그림도 괴기스럽기는 해.

캐순 문무왕과 김유신 장군이 손을 잡고 한 일을, 귀두로 표상할 수 있을까?

범식 그 시대가 가진 역사의 비극 때문이라 하더라도, 두 사람이 한 것은 전쟁뿐이었어. 전쟁은 기본적으로 욕망의 분출이니까, 그렇게 표상할 수도 있을 것 같다.

두 분께 너무 모진 거 아니야? 그들이 아니었으면 신라의 역사가 어떻게 굴러갔을지 상상할 수도 없는데 말이야.

캐순 물론 그렇지. 나도 김춘추, 김유신, 문무왕 모두 당신들의 삶에 대해 할 말이 있다고 생각해. 그럼에도 전쟁은 본질적으로 야만성과 탐욕성을 가진다는 점을 말해야 한다고 생각해.

《삼국유사》〈문무왕 법민〉 조목에 보면, 문무왕이 전쟁터에서 살아야 했던 자기 삶에 대한 평가 비슷한 것을 하는 장면이 있어요. 그 부분을 함께 봐보죠.

살아 있을 때 문무왕은 늘 지의법사에게 말했다.

"짐의 바람은, 죽은 뒤에 큰 용이 되어 불법을 받들고 나라를 보호하는 것입니다."

"용은 짐승의 응보인데 어찌 그런 마음을 품으십니까?"

"나는 세상의 영화에 염증이 난 지 오래되었습니다. 나쁜 업보로 인해 짐승으로 태어난다면, 그것은 짐이 생각했던 것과 딱 맞는 일입니다."

캐순 자신의 운명을 직시하고 있었다는 생각이 든다. 자신의 행위가 올바르다거나 어쩔 수 없는 일이었다고 항변하지도 않으니까, '그 시대의 비극성'이 더 느껴진다.

뭉술 그러면 대나무도 무기, 죽창으로 봐야 하나? 당시에 칼을 들고 전쟁에 나간 군사보다, 죽창을 든 군사가 더 많았을 테니까.

범식 가만!《삼국유사》〈미추왕과 죽엽군〉 조목에 대나무 잎이 군대를 표상하는 걸로 나오는 게 떠오른다~. 그 조목 일부분만 읽어볼게.

제14대 유리왕 때에 이서국 사람들이 서라벌에 쳐들어왔다. 우리(신라)는 크게 군대를 일으켜 막았으나 시간이 오래되자 더는 버티기가 힘들었다. 그때 갑자기 이상한 군대가 와서 도왔는데, 모두 귀에 댓잎[竹葉]을 꽂고 있었다. 그들은 우리 군대와 힘을 합해 적을 쳐 무찔렀다. 적이 물러간 후 그들이 어디로 갔는지 알 수 없었는데, 미추왕의 능 앞에 댓잎이 쌓여 있는 것을 보고야, 선왕인 미추왕이 음덕으로 도왔음을 알게 되었다. 이로 인해 그의 능을 죽현릉竹現陵이라고 했다.

미추왕은 신라 첫 김씨 왕인데~. 문무왕과 신문왕에겐 틀림없이 특별한 왕이었을 거야.

뭉술 그건 그렇고, 천지는 진동하고 비바람은 몰아치고 깜깜한 밤이 이레를 죽 이어지는 동안 신문왕의 기분은 어땠을까?

범식 깜깜했겠지.

캐순 신문왕이 문무왕과 김유신 장군이 갔던 길을 계속 가면, 신라는 깜깜한 어둠 속으로 들어갈 거라는 소리로 여기고, 새로운 길을 찾아야 할 때라는 걸 깨닫지 않았을까?

이레 동안 깜깜해진 뒤, 어떻게 되었는가를 정확히 알기 위해 위 원문을 다시 한 번 살펴보자.

천하를 이화하는 피리 소리

그달 보름을 지나 열엿새 날에 이르러서야, 바람이 잦아들고 물결이 잔잔해졌다. 왕이 배를 띄워 그 산에 들어가니 용이 검은 옥대를 가져와 바쳤다. 왕은 용을 영접하여 함께 앉았다. 왕이 물었다.

"이 산과 대나무가 어떤 때는 갈라지고 또 어떤 때는 맞붙고 한다는데 무슨 까닭인가요?"

용이 대답했다.

"한 손으로 치면 소리가 나지 않지만, 두 손으로 치면 소리가 나는 것에 빗댈 수 있습니다. 대나무도 마주 합친 뒤에야 소리를 냅니다. 거룩한 임금이 소리로써 천하를 이화할 것이라는 상서로운 알림입니다. 이 대나무를 가져다가 피리를 만들어 불면 천하가 평화롭게 될 것입니다. 이제 선왕이신 문무왕께선 바다의 큰 용이 되셨고, 김유신은 다시 천신이 되셨습니다. 두 성인께서 마음을 한 가지로 하여, 값을 매길 수 없는 이런 큰 보배를 내어 저에게 바치도록 한 것입니다."

범식　앞의 말, 즉 김춘질이 점을 쳐서 나온 점괘와 신문왕이 직접 바다에 떠다니는 산에 들어가 들은 말이 다르잖아! 김춘질은 "두 성인께서 덕을 같이하여 '나라를 지키는' 보배를 내리려 하신다"라고 했는데, 신문왕이 용에게서 직접 들은 말은 "거룩한 임금이 소리로써 '천하를 이화할' 것"이라고 했어.

뭉술　나라를 지키는 것에서, 천하를 이화하는 것으로 바뀐 것을 말하니?

캐순　나도 그 둘의 차이는 아주 크다고 생각해.

범식　이전 시대가 나라를 지키는 것을 푯대로 삼았다면, 이젠 세계의 평화를 일구어나가야 할 때라는 말을 하고 있다는 생각이 팍팍 들거든!

왜 김춘질이 얻은 점괘와 신문왕이 들은 소리가 달랐을까? 두 사람 사이에 뭔가 다른 게 있었을 텐데~

뭉술　두 말 사이에 다른 게 있긴 있어. 김춘질은 이레 동안 계속되는 비바람과 깜깜한 밤을 겪지 않고서 말했고, 신문왕은 그것을 겪고 난 뒤에 말을 했지.

범식　뭉술이가 제대로 짚은 것 같다. 신문왕의 말 속엔 기나긴 어둠을 응시하고서 거기에서 얻은 깨달음이 들어 있다는 뭉술이의 말이 정말 그럴듯하다.

캐순　나도 동의! 이 부분에서 '죽음과 다시 살아남'이라는 신화소神話素*를 발견한 뭉술이, 정말 대단하다.

* 인류학자인 레비스트로스(C. Lévi-strauss, 1908~2009년)가 사용하면서 보편화된 개념이다. 그는 음소, 형태소가 언어의 기본 요소인 것처럼 신화를 구성하고 있는 기본 요소를 신화소로 상정했다.《오이디푸스》에서 "오이디푸스가 그의 아버지를 죽이다"와 같이, 신화의 의미를 드러내는 데 있어 중요한 관계를 표현하는 문장 등이 신화소이다. 신화에서 쉽게 만나게 되는 신성한 존재의 출현, 신이한 행적, 인간 창조, 천지개벽 등을 신화소라고 일컫기도 한다.

물술 두 사람이 다르게 말한 게 또 있어. 김춘질은 '문무왕은 바다의 용이 되어 삼한을 지키고 있고, 김유신 공은 큰 신하가 되었다'라고 말했어. 신문왕이 들은 소리는 그게 아니야. "문무왕께선 바다의 큰 용이 되셨고, 김유신은 다시 천신이 되셨다"는 소리였어.

범식 용과 큰 용, 확실히 다르지. 큰 신하와 하늘의 신이 다른 건 말할 것도 없고.

캐순 이 차이 역시 우리가 바로 앞에서 살폈던 것과 같은 데서 나왔다는 생각이 든다. 헤아림과 염려가 한 나라에 국한되는가, 아니면 세계 전체를 품안에 넣고서 염려하고 헤아리는가에서 갈린다고 봐야지.

물술 신라의 강대함이 아니라, 천하의 평화가 새로운 시대의 왕인 신문왕이 해야 할 일이라는 거지.

그것을 이루는 방법은 소리라고 생각했어. 신문왕과 그 시대 사람들의 엄청난 사상의 힘이 느껴진다.

캐순 이제는 무기를 내려놓고, 피리를 불어야 할 때! 피리 만든 이야기를 마저 읽자.

용이 보배를 바치자, 왕은 화들짝 놀랐다. 왕은 기뻐서 오색 비단과 금옥으로 답례를 했다. 사람을 시켜 대를 베어 가지고 바다에서 나오는데, 산과 용이 갑자기 사라져 보이지 않았다.

(중략)

행차에서 돌아온 왕은 그 대나무로 피리를 만들어 월성에 있는, 천존고에 보관케 했다. 이 피리를 불면 적군이 물러가고, 병이 나았으며, 가뭄에는 비가 내리고 장마엔 비가 그쳐, 바람은 잦아들고 파도는 잠잠해졌다. 그래서 만파식적이라 부르고, 국보로 삼았다.

캐순 대나무는 바다에서 나왔는데, 피리를 보관하는 장소가 왜 '하늘 뜻은 높다'라는 뜻을 가진 창고, 천존고였을까?

뭉술 하늘 뜻을 받든다고 하면 있어 보이고, 또 좋잖아.

범식 대나무가 바다에서 나왔다고 할 수는 없어. 정확히 말하면, 바다에 둥둥 떠 있는 산 위에 우뚝 솟아 있는 대나무야. 옛이야기에서 산이나 나무는 하늘의 뜻이 내려오는 곳이고, 하늘 뜻을 받으러 가야 할 곳이지. 단군신화에서 전형적으로 볼 수 있어.

 욜~ 그 말 그럴듯하다.

뭉술 만파식적에서 울려 나오는 노랫가락은 어땠을까?

범식 그거야 남아 있지 않으니까 알 수 없지. 하지만 그것의 효능은 최고였고, 인간사의 어려운 면을 정확하게 알고 고쳐

주었어. 내 자신으로부터 생겨나는 질병, 다른 나라의 탐욕적인 침략으로 입게 되는 환란, 자연의 변덕으로 생기는 홍수와 가뭄. 사람에게 정말 힘겨운 것을 분류하면 이 세 부류가 아닐까?

물술　그것들이 큰 탈을 일으키지 않는 게 평화이고, 태평성대겠지.

범식　얘들아, 그런데 놀라운 게 있어. 만파식적이 지금도 남아 있다는 말이 있어.

거짓말! 근데 왜 질병은 늘 사람에게서 떠나가지 않고, 600

백만이 넘는 사람을 살상했던 한국전쟁[*]도 있었고, 가끔이 지만 가뭄과 홍수도 일어나는데? 만파식적이 어디 있겠니?

물술 캐순이, 또 까칠한 척 하기는~

범식 너희들도 다 몇 번씩은 봤을 거야. 아주 흔하거든.

뭉술 범식아, 뜸들이지 말고 그냥 말해줘~~

범식 에밀레종이 만파식적이대.[†]

농담하지 말고. 우리가 종과 피리도 구분할 줄 모르는 사람인 줄 아니?

범식 오대산 상원사종[‡]이, 현재 남아 있는 것 중 가장 빠른 시기에 만들어진 만파식적이래.

캐순 만파식적이 하나가 아니란 소리네.

범식 아주 많아. 에밀레종을 비롯해, 신라 종을 보면 다른 나라 종과는 다른 게 눈에 띄는 게 있어. 용의 등에 있는 원통인데, 마디도 있지.

* 한국전쟁으로 남북한의 인명은 무려 520만, 유엔군은 약 15만, 중공군은 약 90만 명이 손실되었다. 1951년의 미국 의회 청문회에서 맥아더 장군은, "평생을 전쟁 속에서 보낸 본관과 같은 군인에게조차 이러한 비참함은 처음이어서 무수한 시체를 보았을 때 구토하고 말았다"라고 증언하기도 했다.

† 황수영이 찾아내고, 성낙주가《에밀레종의 비밀》에서 고증했다.

‡ 725년에 제작된 종이다. 삼국시대 범종이 단 한 점도 남아 있지 않아, 현재 남아 있는 범종 가운데 가장 오래된 것이다.

물술 그래, 생각난다. 그런 모양이 있는 건 신라 때 만들어진 것만 그런가 보지?

캐순 서울의 인사동에 가면 지금 만들어지는 종도 그런 모양을 하고 있는 게 많으니까, 그렇게 말하는 건 조금 무리라고 생각해. 아무튼 다른 나라엔 그런 모양의 종이 없다는 거지?

범식 마디가 있는 원통은 신라 종만의 특징인데, 그 용도에 대한 여러 추측이 있을 뿐이래. 아름다움의 측면에서 필요한 것도 아니고, 소리와 관련해서 꼭 필요한 까닭도 딱히 없는 것 같고 해서 여러모로 문제적이래. 그런데 황수영은 만파식적 얘기를 조형하기 위해서 그렇게 했다는 거야. 그의 말을 직접 들어보지 뭐.

필자(황수영)는 이 설화의 만파식적을 곧 신라 범종만이 지니고 있는 원통에 비견하고자 한다. 즉 신라종 양식 가운데 가장 두드러진 특징으로 문제의 원통을 든다면, 이야말로 만파식적 설화를 조형화한 것이라고 믿어지기 때문이다.

만파식적은 대나무[竿竹]로 만들었기 때문에 그 형태는 물론 둥글면서 또 마디가 있어야 한다. 이와 같은 대나무의 형태가, 그대로 신라종 정상에 마련되어 있는 원공유절圓空有節(속이 빈 둥근 통에 마디가 있는) 원통과 같은 형상을 지니고 있는 것이다. 그 것도 단두룡單頭龍(한 마리의 용)이 두 발을 앞뒤로 힘차게 딛고, 마치 대나무를 등에 짊어지고 동해에서 솟아 육지로 힘차게 나오는 듯한 모습을 띠고 있다.*

뭉술 종에 용이 한 마리만 있는 것도 신라 종만의 특징인가?

응. 중국 종엔 쌍룡이 조형되어 있어. 종을 매달 걸 생각하면, 용의 머리를 양쪽으로 대칭되게 배치하여 균형을 잡는 게 옳겠지. 우리나라도 삼국시대 땐 그랬다가, 문무왕 이후 언젠가부터 용 한 마리만 떡 하니 버티고 있는 모양을 취해 죽 이어져 오다가, 고려 원나라 간섭기 이후 다시 용의 머리가 둘이 되었대.

캐순 종에 용 '한 마리'만 조형하고, 용 등에 둥글고 '마디가 있는 통'을 세운 것은 특별한 사상에서 나온 조형물이라는 느낌이 든다. 아름다움과 기술적인 측면에서 봤을 때 그다지 좋지 않은데도 그걸 굳이 하려고 했다는 것은, 거기에 특별한 뜻이 들어 있다고 여기지 않으면 이해가 안 되기 때문이야.

범식 그 사상은, '온갖 세파를 다 잠재우는 피리'를 실제로 만들

* 《한국일보》, 1982. 3. 27.; 성낙주 지음, 《에밀레종의 비밀》(푸른역사, 2008), 300~301쪽에서 다시 따옴.

어서 만파식적 이야기에 들어있는 이념을 현실화하려는 것이라는 주장도 그럴 듯하다는 생각이 들지 않니?

물술 아주아주 그럴 듯해~

피리 소리를 누가 종소리를 통해 들리게 할 수 있다고 맨 처음 생각했는지 모르겠지만, 그 사람 상상력 하나는 기가 막힌다. 종에 피리와 용 한 마리를 조형해 놓으면 그 소리가 울릴 때마다 자연히 만파식적이 내는 소리가 되는 거라는 발상, 멋있다.

물술 종을 치면 소리가 퍼져나가는데, 그걸 피리 소리라고 상상한 힘은 어디서 나왔을까?

범식 간절함이었겠지. 그때껏 많이도 겪어낸 세파가 이제는 다 가라앉기를 바라는 깊은 염원이었을 거야.

물술 신라 사람들은 날마다 만파식적 소리를 들었겠다. 새벽마다 종소리는 신라 땅 곳곳에 은은하게 스며들어갔을 테니까!

야옹샘 에밀레종을 비롯해 신라 종을 보면 종 밑쪽에 비천상과 구름이 있어요. 종 위쪽엔 바다와 물결을 힘차게 가르는 용이 있고요. 상식을 뒤집어버린 배치죠. 왜 이런 배치를 했을까요? 이에 대해 정답을 말할 수 있는 사람은 없고, 오직 '그럴 듯한 말'을 할 수 있을 뿐이에요. 여러분 스스로 상상하고 헤아려 그럴 듯한 말을 만들어보세요.

범식 옙! 상상하고 헤아려 보겠습니다.

뭉술 범식아, 한 가지 빠뜨렸어. 상상하고 헤아린 다음 그것을 '말'로 붙잡아야지. 야옹샘이 늘 하시는 말씀인데, 잊으면 안 되지~.

음, 그런데~ 만파식적이 종에 새겨진 것에 대해 그럴 듯하게 해석한 것을 우리가 받아들였지만, 너무 지나친 해석은 아닐까?

범식 꿈보다 해몽이란 소리가 이 경우에 해당하지 않을까 하는 생각이 나한테도 살짝 들기는 해.

뭉술 야옹샘, 샘이 한 마디 하셔야 할 것 같은데요.

만파식적의 이러한 상상력은 전무후무한 상상력이 아니라는 것으로 샘의 생각을 대신할게요. 그 다음은 여러분이 알아서 판단하세요. 특이한 모양이 새겨진 종과 그 종을 치는 공이가 있어요. 공이에 고래를 새기고 종에 포뢰蒲牢(고래를 아주 무서워하여 고래가 그를 향해 달려들면 엄청나게 큰 소리를 지른다고 알려진 물고기)를 새겨서, 공이로 종을 치는 것을 마치 고래가 포뢰를 치는 것으로 표현한 종과 공이에요. 이런 포뢰가 새겨진 종을 다산 선생도 보았어요. 선생은 '깨진 종[病鐘]'이란 시에서 다음처럼 말했죠. "절 다락에 깨진 종이 하나 있는데, 본래는 뛰어난 예술가가[장인이] 주조한 작품이라네. 종 꼭지에 물고기 한 마리 있으니, 비늘이 섬세하고 수염조차 셀 수 있네. 포뢰가 큰 소리로 울어대어서, 큰집에 쓰는 물건 되길 바랐겠지." 이런 종을 주조해 낸 예술가의 상상력을 정민 교수는 다음처럼 말했어요. "고래 모양의 공이가 그 뭉툭한 주둥이로 종을 향해 달려들면 저를 잡아먹으려는 줄 알고 질색한 포뢰가 비명을 질러댄다. 그 비명이 맑고 웅장한 종소리가 되어 울려 퍼진다는 것이니 아주 특별한 상상력이다." 조선 초기의 선비 박은(1479~1504년)도 '황령사黃嶺寺'라는 시에서 "화華(종에 새겨진 포뢰)와 경鯨(공이에 새겨진 고래)이 정통으로 부딪쳐 울부짖자 차 연기 일어나네[華鯨正吼茶煙起]"라고 읊조렸죠. 새벽 종소리에 스님들이 일어나 향을 피우고 예불하는 것을 이렇게 표현한 겁니다.*

'종을 치면 울리는 만파식적 피리 소리'라는 게 그냥 아무렇게나 갖다 붙이는 꿈 해몽이 아닌 것 같은데!

캐순 정말 그렇네! 이제 다음으로 넘어가자.

* 《조선일보》, 〈정민의 世說新語〉 450회 "화경포뢰華鯨蒲牢"(2018. 1. 11.)에 힘입었다.

효소대왕 때인 천수 4년 계사년(693년)에 부례랑(국선)이 살아 돌아온 신이한 일이 있었기에, 다시 이름을 고쳐 만만파파식적이라 했다. 자세한 것은 부례랑의 전기에 있다.

물술 만만파파식적으로 이름이 바뀌었다고?

야옹샘 부례랑의 전기는 《삼국유사》 〈백률사〉 조목에 나와요. 만파식적이 만만파파식적으로 된 얘기도 재미있고, 살펴볼 거리도 많아 함께 읽고 말나누기를 하고 싶지만, 건너뛰고 성덕왕 때로 가지요.

뭉술 범식아, 성덕왕 때의 역사를 훑어주면 좋겠다.

범식 그럴 줄 알고 내가 미리 《삼국사기》 〈신라 본기, 성덕왕〉을 읽고 정리해 왔지.

캐순 그 많은 걸 읽고 정리까지 해왔단 말이야?

그렇지 않아. 준비를 해야겠다는 마음 자세만 있으면 누구나 할 수 있어. 무려(?) 스물다섯 쪽밖에 안 되거든. 성덕왕은 형인 효소왕이 영 여섯에 세상을 뜨자, 서라벌 사람들[國人]의 추대로 그 뒤를 이었어. 열다섯도 안 되어 임금이 된 거지. 성덕왕이 즉위한 해에 "도토리가 변하여 알밤이 된" 놀라운 일이 생겨났어. 성덕왕의 즉위를 하늘도 축복했다고 할 수 있겠지. 하늘의 바람대로 성덕왕은 정치를 아

주 잘 했어. 큰 업적 몇 가지만 말할게. 우선 "비로소 백성에게 정전[*]을 나누어 주었다"는 점이 눈에 확 띄고, 다음은 공자와 그의 빼어난 제자 열 분, 그리고 또 다른 제자 일흔두 분의 화상을 당나라에서 가져와 대학에 안치해, 유교정치를 확실히 한 점이야. 외교적으로는 당나라와 국교를 재개하고, 일본과 친교를 맺었어. 과학기술 측면에선 처음으로 물시계를 만들었고, 상원사종을 주조했지. 지금 종의 주조는 과학기술 차원에서 대수롭지 않게 생각될지 모르지만, 당시엔 최첨단에 자리하고 있었어. 그 많은 쇳물을 시간차가 나지 않게 녹여 한 곳에 붓는다는 게 대단히 어려운 일이었대. 쇳물 간에 시간차가 나면 종에 금이 가서 쓸모없게 된다고 들었어. 신라에서 문화적으로 꽃피고, 사회적으로 안정되어 있던 최절정의 때가 두 번 있는데, 성덕왕 때와 그의 아들 경덕왕 때라고들 하지. 한마디로 성덕왕 시기는 신라의 최고봉이야. 참,《왕오천축국전》[†]을 지은 혜초스님이 성덕왕 3년에 태어났고, 세계에서 가장 아름다운 종소리를 낸다는 에밀레종의 정식 명칭은 '성덕대왕 신

* 그 세부적인 의미는, 사유지를 가진 사람에겐 국가가 법적으로 소유권을 인정해 주고, 땅이 없는 백성에게는 국유지를 주어 경작하게 한 것이다.

† 신라의 승려 혜초(704~787년)가 고대 인도를 답사한 뒤에 쓴(727년, 성덕왕 26년) 책이다. 이 책은 1908년 돈황[둔황] 천불동 석불에서 발견하였다.

종'이야.

캐순 종 주조의 어려움은 그렇다 하더라도, 종은 그 전에도 만들었잖아. 최첨단이 아니라 올드한 기술인 거 아냐?

물론 종은 삼국시대(가야까지 하면 사국시대)에도 만들었어. 하지만 규모에서 크게 차이가 나면 거기엔 새로운 과학기술이 들어가야 해. 그런 점에서 상원사종은 최첨단에 놓여 있었다고 한 거야. 더구나 상원사종 이전에 만들어진 것은 현재 남아 있는 게 없어서, 그것의 규모와 과학기술적인 완성도를 지금 확인할 수조차 없어. 남아있는 종으로는 상원사종이 가장 오래된 것이거든.

뭉술 이제 일연 스님이 알려준 《삼국유사》 〈성덕왕〉 조목을 읽어보자.

흉년도 없애는 성덕왕의 태평성대

【성덕왕】 제33대 성덕왕 신룡 2년 병오년(706년)에 흉년이 들어, 백성이 몹시 굶주렸다. 나라에서는 백성을 구제하고자 정미년(707년) 정월 초하루부터 7월 30일까지 벼를 나누어 주었는데, 한 사람당 하루 석 되를 기준으로 했다. 일을 마치고 합계를 내 보니 30만 500석이었다. 왕이 태종대왕을 위해 봉덕사를 세우고, 이레 동안 인왕도량을 베풀었으며, 대사면을 했고, 처음으로 시

중이란 관직을 두었다(일연 주: 어떤 책에는 효성왕 때라고 했다).

캐순 이게 〈성덕왕〉 조목에 나온 전부야? 신라 절정의 시기를 일군 임금의 시대인데 너무 단출하다는 생각이 들지 않니?

전부야. 내 생각에도 이상해. 분량이 적은 것도 적은 거지만, 내세운 게 기근 든 얘기라는 게 나한텐 더 이상해. 일연 스님이 성덕왕 시절에 대한 정보가 부족했던 거 아니야?

범식 그건 확실히 아니야. 일연 스님은 분명히《삼국사기》를 읽었거든. 뿐만 아니라,《삼국유사》에서 인용한 책과 이야기도 아주 많아.

캐순 그렇다면, 스님이 일부러 성덕왕 시대를 단출하게 표현했다는 거네. 왜 그랬지?

왜 캐순이가 한참 동안 '왜'를 안 하나 했다. 근데 진짜 왜지?

범식 그 시대를 가장 잘 알려줄 수 있는 일화를 하나 소개한다거나, 그 시대를 극도로 압축하는 게 일연 스님이 역사책을 쓰는 방식이란 걸 우리가 동의했잖아? 이 이야기만으로도 성덕왕 때를 또렷이 알 수 있다고 스님이 생각했다고 여겨야겠지. 내가 앞에서 소개한 것은 덜 중요하고, 몰라도 그만이라는 거지.

야옹샘 이 조목에서 우리는 스님의 글쓰기 방식 중 하나를 단적으로 알 수 있다는 생각이 드네요. '고갱이(핵심)만 남기고 나머지는 빼버리기'라는 글쓰기 방식 말이에요.

뭉술 다른 조목도 그런 방식으로 써졌잖아요?

야옹샘 그래요. 모든 이야기 속에 이런 글쓰기 방식이 들어 있지만, 〈성덕왕〉 조목이 특히 그렇다는 것을 알리고 싶어 말했어요. 이 조목을 통해 스님이 깨닫게 해주고 싶었던 건 뭘까요?

캐순 그 당시 흉년은 사실상 불가항력이잖아? 좋은 임금의 때라고 흉년이 없는 것도 아니고, 나쁜 왕의 때라고 흉년이 드는 것도 아니니까.

범식 그건 그렇지. 무슨 말을 하고 싶은데?

캐순 흉년이 문제되는 것은 그 때문에 굶어 죽기 때문이야. 이 흉년에는 사람들이 굶어 죽는 일은 없었을 거라는 생각이 들어.

뭉술 무슨 근거로?

캐순 한 사람당 하루에 나락 석 되를 나누어 주어, 일곱 달 동안 총 30만 500석이나 풀었다고 했으니까.*

* 신라 문무왕 21년(681년)에 당나라 제도에 따라 1되는 596.4세제곱센티미터, 즉 0.6리터로 했다. 석 되면 1.8리터가 되어, 큰 물병 정도의 양이다.

뭉술 한 사람이 하루에 석 되를 먹을 수 있었다면, 나도 배고프지 않았을 것 같다.

범식 그랬을 것 같긴 한데, 그때는 지금보다 훨씬 밥을 많이씩 먹었을 거야.

뭉술 나보다도?

당연하지. 그때는 고기가 별로 없고, 먹을 게 밥뿐이었거든. 1970년대 쓰던 밥그릇을 봐봐. 엄청나게 커~

캐순 그렇더라도, 하루에 나락이 석 되면 배를 곯진 않았을 거야.

뭉술 흉년에도 배를 곯지 않았다면, 흉년이 아니었을 땐 당연히 배를 곯지 않았을 테니 태평성대였네!

캐순 뭉술이는 배만 부르면 만사 OK이지? 아무튼 흉년을 무화시켰다는 점에서, 성덕왕이라는 시호에 걸맞았다고 할 수 있을 것 같다. 정말로 '거룩한 덕을 가진 왕'이었다는 생각이 든다. 배고플 걱정이 없는 때야말로 절정의 시기라고 할 수 있지 않을까?

뭉술 실업자도 없어야지.

범식 당시엔 실업자란 개념 자체가 없었어. 먹을 것만 있으면 됐어. 할 일은 넘쳐났으니까.

캐순 어떤 일?

범식 농사짓기, 수공업 제품 만들기, 불교경전이나 유교경전 읽고 외우기, 무술 수련하기, 도를 닦아 도인되기, 유람 다니기, 나랏일 하기, 시 짓기, 악기 다루기 등등 소박하지만 할 일은 많았지.

흉년에도 배고프지 않았으니, 성덕왕 땐 그런 일을 자기 맘대로 할 수 있는 때였다는 소리네.

캐순 일연 스님이 깨닫게 하고 싶었던 게 바로, 그런 시대야말로 최고의 시대란 것이지 않았을까? 물론 시대적인 한계를 인정한 속에서의 판단이겠지만.

범식 일연 스님이 성덕왕의 업적으로 그것만 들지 않고, "봉덕사를 세우고, 이레 동안 인왕도량을 베풀었으며, 대사면을 했고, 처음으로 시중이란 관직을 두었다"라고도 한 것으로 보아, 그럴 듯한 상상력이라는 생각이 든다.

캐순 배가 부르면 그것으로 끝이 아니란 말씀을 하고 싶었던 거겠지. 덕을 받들어야 하고[奉德寺], 인덕을 쌓고 베풀며[仁王道場], 반대자나 잘못한 사람까지도 포용해야[大赦免] 하고, 제도를 창출[侍中]해 내야 한다고 말씀하고 있다는 거라는 뜻이지?

뭉술 이런 세상이라면 정말로 만파식적 소리가 퍼져나가는 세상이라고 할 수 있겠다.

야옹샘 정말 그럴 듯한 말이네요. 지금 남아 있는 종 가운데 만파식적 소리를 내는 가장 오래된 것이 성덕왕 때 만들어진 종이거든요. 오대산 상원사종이요.

성덕왕 때 '만파식적의 소리를 내는 종'이 만들어진 건 아주 시사적이라는 생각이 든다.

야옹샘 일연 스님도 성덕왕을 특별하게 여겼다고 생각해요. 《삼국유사》 〈왕력〉 편을 통틀어서 한 왕의 시대를 두 조목이나 실은 경우는 성덕왕이 유일하거든요. 어떤 왕들은 아예 언급도 없는데, 두 조목을 할애했다는 건 예삿일이 아닌 거죠.

뭉술 《삼국유사》에 〈성덕왕 투two〉 조목이 있다는 건가요?

야옹샘 〈성덕왕 투two〉는 아니고요, 조목을 달리해서 성덕왕 시대를 알려주는 이야기가 또 하나 있어요. 〈수로부인〉 조목이 그거예요.

06

거룩한 왕의 시대, 거룩한 여인

시대를 표상하는 인물, 수로부인

【수로부인】 성덕왕 때, 순정공이 강릉(지금의 명주이다) 태수로 부임해 가다가 바닷가에서 밥상을 차렸다. 조금 떨어진 곳에 바위가 병풍처럼 둘러쳐진 곳이 있었는데, 천 길 높이였다. 그 꼭대기에 철쭉꽃이 활짝 피어 있었다. 순정공의 부인 수로가 그것을 보았다. 옆 사람들에게 말했다.

"저 꽃을 꺾어 바칠 사람, 그 누군가?"

따르던 사람이 말했다.

"사람의 발자취가 닿을 곳이 아닙니다."

불가능하다며 다들 몸을 사렸다. 약간 떨어진 곳에서, 암소를 이끌고 지나가던 노옹이 수로부인의 말을 듣고, 그 꽃을 꺾어와, 노래를 지어 읊조리며 꽃을 바쳤다. 그는 사람에게 무엇이 허용되는지를 알지 못했다[基翁不知何許人也].

다시 길을 갔다. 이틀째에 임해정에서 밥상을 차렸다. 바다에 사는 용이 갑자기 부인을 잡아 바다 속으로 들어갔다. (순정공은) 엎어지고 자빠지며 발을 굴렀으나 뾰족한 수가 없었다.

또 한 노인이 나타나 말했다.

"옛 사람들이 말하기를 '뭇 사람의 입은 무쇠도 녹인다'라고 했습니다. 지금 바다 속 용인들, 어찌 뭇 사람의 말을 두려워하지 않을 수 있겠습니까? 고을 안의 백성들에게 노래를 지어 부르면서 막대기로 언덕을 두드리게 하시면 부인을 다시 볼 수 있을 것입니다."

공이 그 말대로 했다. 용이 부인을 받들고 바다에서 나와 바쳤다. 공이 아내에게 바다 속의 일을 물었다. 수로부인이 대답했다.

"일곱 가지 보물로 꾸민 궁전에 음식은 달고 부드럽고 향기롭고 깔끔하여, 인간 세상의 음식이 아니었습니다."

부인의 옷에도 색다른 향이 배어들어 있었는데, 이 세상에 알려지지 않은 향기였다.

수로부인의 맵시와 낯빛, 시대를 훌쩍 벗어나 있는 아름다움이었다. 깊은 산이나 큰 물가를 지날 적마다 신령한 것[神物]에게 붙들려갔다. 그때마다 뭇 사람이 '바다의 노래'(해가)를 불렀다.

거북아, 거북아! 수로부인을 내놓아라.
남의 아내를 약탈해 간 죄 얼마나 큰가?
네가 만약 거역하고 내다 바치지 않으면
그물을 쳐 잡아서 구워먹으리라.

노인이 바친 헌화가는 다음과 같다.

자줏빛 바위 가에서
암소 잡은 손 놓게 하시고
나를 부끄러워하지 않으신다면
꽃을 꺾어 바치오리다.

뭉술 이 땅이 있은 이래 가장 아름다운 사람이 성덕왕 때 있었다고 해야겠는데?

범식 "시대를 훌쩍 벗어나 있는 아름다움"이었다고 하니까 그래야겠지.

캐순 한 시대에 대한 최대의 상찬이라고 생각해.

웬 시대? 그냥 아름다운 한 사람이 있었던 거잖아? 그렇다고 그 시대가 아름다운 시대였다고 할 수는 없어.

캐순 물길여인[수로부인]을 단지 한 사람이 아니, 그 시대를 표

언제 와?
힘내!
자줏빛 바위 가에서
암소 잡은 손 놓게 하시고
나를 부끄러워하지 않으신다면
꽃을 꺾어 바치오리다.

상하는 인물로 봐야 하지 않을까? 물리적인 사실로 받아들인다면 너무도 엉뚱한 얘기가 되거든. 용궁을 다녀오고, 바다의 용에게 잡혀가고, 바다를 두드리면서 한 여인을 내놓으라고 하니까, 고래가 요나를 뭍에 토해내듯* 내어놓았다는 소리는 너무도 황당한 소리잖아?

범식 나도 그렇게 생각해. 이 이야기를 음미할 수 있는 것은, 이것이 물리적인 사실이 아니라 그 시대를 문학적인 얘기로 응축하고 구성한 거라고 여겼을 때만 가능하니까. 그게 일연 스님의 '역사를 표현하는' 글쓰기 방식이기도 하고.

캐순 사실 이런 방식은 일연 스님만의 방식이 아니야. 그 이야기가 포괄하는 범위가 무엇이고 어디까지인가에서 차이가 나겠지만, 좋은 옛이야기는 다 이런 표현 방식으로 되어 있어. 옛이야기는 물리적인 사실을 남기고 전달하고 있는 것이 아니라, 엄청나게 많은 물리적인 사실을 응축해서 문학적으로 형상화해 놓은 거지.

뭉술 그러면 너희들은 일연 스님이 이 이야기를 창작했다고 생각하니?

아니. 내려오던 이야기를 다듬고 깁는 작업은 했겠지만, 순

* 구약성서에 나오는 이야기로, 고래에게 잡아먹힌 지 사흘 만에 고래가 뱉었는데 살아있었다고 전해진다.

전히 창작했다고는 생각하지 않아. 다만 많은 이야기 중, 그 시대를 가장 진실하게 보여줄 수 있는 이야기를 고르는 데에 스님의 눈이 많이 작동했다고는 생각해.

뭉술 그게 '역사를 보는 눈'인가?

범식 그렇지. 한 시대를 한 폭의 그림에 담는다고나 할까. 실제로 지금 우리 시대를 한 장의 그림으로 그려보면 이해가 쉬울 거야. 우리 시대를 알려주는 장면이 얼마나 많니? 그 중에서 한 장면을 고르는 것, 그것이 바로 역사를 보는 눈인 거지. 물론 잘 골라야 '좋은' 그림이 되는 거고.

캐순 어떤 게 잘 고른 건데?

범식 그럴 듯한 그림이어야 하지. 조금 어려운 말로 보편성이 있는 그림이어야 해. 거기에 감동을 주려면 진부하지 않아야 하니까, 개성적으로 형상화해야겠지. 우리 시대의 좋은 그림이란, 우리 시대의 보편성이 들어 있는 개성적인 그림인 거지.

뭉술 그 그림을 이야기로 바꾸면, 우리 시대의 '좋은' 이야기가 되는 거고?

캐순 시 또한 그렇다고 생각해. 시대의 보편성이든, 사람의 보편성이든 보편성을 담고 있되 개성이 있는 작품이 '좋은' 시라고 생각해. 김소월의 〈옷과 밥과 자유〉 같은 작품은 그가 살던 시대를 개성적으로 아주 잘 담았지.

공중에 떠다니는

저기 저 새요

네 몸에는 털 있는 깃이 있지.

밭에는 밭곡식

논에는 물벼

눌하게 익어서 수그러졌네.

초산 지나 적유령

넘어선다.

짐 실은 저 나귀는 너 왜 넘니?

뭉술 말로 잘 설명할 수는 없어도 그 시대 사람들이 느껴진다.

캐순 헐벗어서 새보다 못하고, 익은 곡식은 빼앗겨 내 것은 없고, 짐을 잔뜩 싣고 높은 고개를 넘는 나귀의 모습은 그 시대를 살았던 우리 민족의 모습이었지.

나귀는 고통스런 현실만을 표상한다고 생각하지 않아. "너 왜 넘니?"라고 물음으로써, 자유를 찾아 떠나는 나귀를 표상한다고도 생각해.

뭉술 광복 운동을 위해 산을 넘고 강을 건너 만주 벌판으로 들어간 사람들을 표현한 건가?

범식 그렇다고 봐야겠지. 이제, 다시 돌아가서 〈수로부인〉 조목을 나눠서 차근차근 봐보자.

소를 놓고 꽃을 꺾으러 간 노인

성덕왕 때, 순정공이 강릉(지금의 명주이다) 태수로 부임해 가다가 바닷가에서 밥상을 차렸다. 조금 떨어진 곳에 바위가 병풍처럼 둘러쳐진 곳이 있었는데, 천 길 높이였다. 그 꼭대기에 철쭉꽃이 활짝 피어 있었다. 순정공의 부인 수로가 그것을 보았다. 옆 사람들에게 말했다.

"저 꽃을 꺾어 바칠 사람, 그 누군가?"

따르던 사람이 말했다.

"사람의 발자취가 닿을 곳이 아닙니다."

불가능하다며 다들 몸을 사렸다. 약간 떨어진 곳에서, 암소를 이끌고 지나가던 노옹이 수로부인의 말을 듣고, 그 꽃을 꺾어 와, 노래를 지어 읊조리며 꽃을 바쳤다. 그는 사람에게 무엇이 허용되는지를 알지 못했다.

뭉술 그런데 젊은 사람들은 다 어디 가고, 늙은 사람이 천 길이나 솟은 바위에 올라가 꽃을 꺾지?

캐순 그 점도 의문스럽긴 한데, 나는 그보다는 "암소를 이끌고 지나가던"이라는 구절이 더 흥미로워. 소에 무슨 뜻이 있는 것 아니야?

범식 '소'는 불교에서 '본래의 자기', 즉 진리를 상징해. 벽화로 심우도*를 그려놓은 절도 가끔 있어.

그러면 꽃을 꺾어다 준 사람이 '본래의 자기'를 붙잡고 있는 노인이라는 소리야?

캐순 그런 셈이네. 소를 놓고 꽃을 꺾으러 갔다는 것은 '본래의 자기', 즉 진리를 놔버렸다는 건데, 뭔가 아귀가 안 맞는다는 생각이 들지 않니?

범식 얼핏 생각하면 그렇게 생각할 수 있어. 하지만 불교는 상식적인 견해와 추론을 뛰어넘어, 더 높은 차원을 보여주잖아. 깊게 생각해보자.

뭉술 젊은이가 아니라, 노인이 꽃을 꺾어왔다는 점에서 노인과 소를 상징적으로 봐야 할 것 같긴 해.

캐순 범식아, 심우도에 대해 알고 있으면 좀 더 설명해 줘!

①소를 열심히 찾는 어린아이가, ②소 발자국을 발견하고, ③소를 발견한 뒤, ④소고삐를 붙잡아서, ⑤소를 길들이고,

* 소를 찾는 그림이란 뜻인데, 그림이 열 폭으로 되어 있어 십우도라고도 한다.

⑥소 위에 타고서 피리를 불어. 그런데 다음 그림은 ⑦소는 없고 그 사람만 남아 있다가, ⑧그도 없어지고 둥근 원만 있더니만, 이번에는 ⑨원이 없어지고 그냥 자연세계가 나타났다가, ⑩큰 포대를 메고 마을로 가는 사람이 그려져 있지. 이렇게 차례차례 열 개의 장면으로 그려져 있어.

캐순 거기서도 소가 없어진단 말이야? 노인이 소를 놓고 꽃을 꺾으러 가는 것과 닮아 있지 않니?

뭉술 소를 놔버리는 건 둘 다 비슷하다고 할 수 있겠다. 하지만 꽃을 꺾으러 가는 건 영 다른 것 같은데?

캐순 소가 본래의 자기라면, 불교는 '본래의 자기'를 잊어야 한다는 소리가 되는데! 뭔가 이상하잖아? 샘! 샘이 도와주셔야 하겠는데요.

야옹샘 본래의 자기나 진리는 찾아야 해요. 하지만 그것만 꽉 붙들고 있으면, 그것에 매이게 돼요. 진리로부터도 자유로워질 때 진정한 자유라 할 수 있죠. 하지만 이것은 굉장히 조심히 다뤄야 해요. 자칫하면 헛폼 잡고 자기 자신을 속이기 딱 알맞으니까요. 반드시 본래의 자기를 찾은 뒤에 일어날 일이라는 걸 명심해야 해요.

범식 그래서 젊은이가 아니라 노인, 즉 오랫동안 수련을 한 사람이 이 일을 감당한 건가?

뭉술 그럴 듯하다. 천 길 높이 솟아 있는 바위 위에 피어오른 꽃을 본다면, 정말로 아름다울 것 같지 않니?

캐순 천 길 솟은 바위를 쳐다보기만 해도 나는 숨이 턱 막힐 것 같다.

범식 뭉술이와 캐순이가 느끼는 느낌이 합해졌을 때, 칸트는 숭고미가 느껴진다고 하지.

무슨 말이야? 알아듣게 설명해 줘야지 그렇게 툭 던져놓으면 나 같은 사람이 어떻게 이해하니?

범식 미안, 설명할게. 어떤 것이 실제로는 나를 어쩌지 못한다는 것을 알고 있지만, 순식간에 내가 그것에 압도되어 버릴 때 느껴지는 느낌이 있잖아? 그것을 숭고미라고 해. 꽃을 바라볼 때 우리의 마음은 평화롭게 그것을 관조하지만, 거대한 산 앞에 서면 '압도당하는 감동'을 체험하잖아. 그런 체험을 숭고함에 대한 체험이라고 하는 거지. 그래서 숭고는 대체로 기쁨과 분노, 쾌락과 고통, 감정의 고양과 우울함 등 상반된 감정들이 결합된 모순적인 감정의 상황에서 경험된다고 말해.

캐순 '엄청나게 큰 바위'에 숨이 턱 막힐 정도로 압도되는데, 그 위에 피어 있는 '꽃'에서 기쁨이 느껴지니까 숭고를 체험한 거라는 거지?

범식 그래. 수로부인도 그 장면에서 모순적이고 역설적인 감정이 그를 단번에 확 사로잡았을 거야.

야옹샘 칸트의 숭고미에 대해 범식이가 아주 잘 설명했네요. 숭고미가 나온 김에 조금만 더 말할 게요. 여러분에게 버겁고 어려운 내용인 줄 알지만, 어려운 것을 가지고 끙끙대는 맛이 또 별미이거든요. 백두산 천지나, 나이아가라 폭포와 같은 엄청난 자연에서 사람은 숭고함을 느껴요. 이런 자연은, 한 송이의 꽃에서 느끼는 아름다움과는 달리, 인간의 감성적 능력을 넘어서죠. 이 느낌을 통해 우리는 인간 안에 "초감성적인 능력의 감성이 있다는 것을 환기"* 하게 돼요. 그러므로 참으로 숭고한 것은 자연이 아니라, 그것을 숭고하게 느끼는 초자연적인 우리의 감성인 거지요.† 이것을 통해 우리는 한 사람 한 사람 속에 숭고함이 내재한다는 결론을 내릴 수 있죠. 우리 모두는 잠재적으로는 숭고한 존재라는 거예요. 다만 그렇다는 것을 우리가 체험하고 깨닫는 게 필요해요.

범식 샘의 설명을 들으니까, 어떤 사람에게서 외경심(두려운데 공

* 칸트 지음, 이석윤 옮김,《판단력비판》(박영사, 1998), §25 115쪽.

† 같은 책, §28.

경스러운 느낌)을 느끼는 게 이해가 되네요. 그 사람 자신이 '잠재적'으로 갖고 있던 숭고가 '현실적'으로 밖으로 잘 드러난 사람에게서 외경심을 느끼는 거겠네요.

야옹샘 맞아요. 예까지 들어 이해하다니, 참 좋네요.

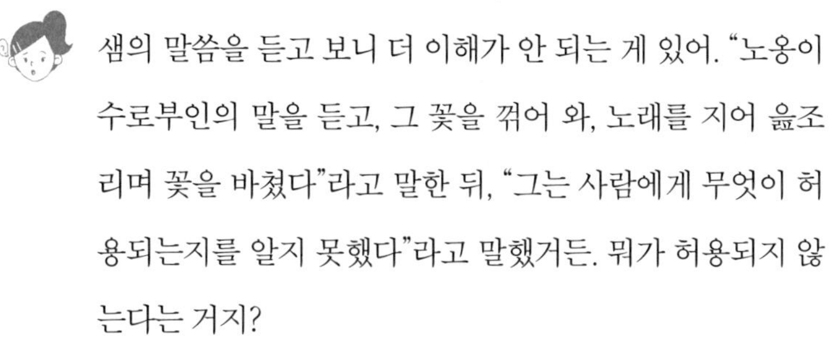

샘의 말씀을 듣고 보니 더 이해가 안 되는 게 있어. "노옹이 수로부인의 말을 듣고, 그 꽃을 꺾어 와, 노래를 지어 읊조리며 꽃을 바쳤다"라고 말한 뒤, "그는 사람에게 무엇이 허용되는지를 알지 못했다"라고 말했거든. 뭐가 허용되지 않는다는 거지?

뭉술 나도 잘 모르겠어. 이 말 다음에 이어지는 내용에서 알아낼 수 있지 않을까?

시대를 벗어나 있는 아름다운 수로부인

다시 길을 갔다. 이틀째에 임해정에서 밥상을 차렸다. 바다에 사는 용이 갑자기 부인을 잡아 바다 속으로 들어갔다. (순정공은) 엎어지고 자빠지며 발을 굴렀으나 뾰족한 수가 없었다.
또 한 노인이 나타나 말했다.
"옛 사람들이 말하기를 '뭇 사람의 입은 무쇠도 녹인다'라고 했습니다. 지금 바다 속 용인들, 어찌 뭇 사람의 말을 두려워하지 않을 수 있겠습니까? 고을 안의 백성들에게 노래를 지어 부

르면서 막대기로 언덕을 두드리게 하시면 부인을 다시 볼 수 있을 것입니다."

공이 그 말대로 했다. 용이 부인을 받들고 바다에서 나와 바쳤다.

뭉술 바다 속의 용도 그를 탐내다니, 수로부인이 그렇게 아름다웠나?

캐순 수로부인이 아름다웠다는 소리는 지금껏 없었어. 단지 천 길이나 솟은 바위 위에 핀 꽃을 그리워했을 뿐이야.

범식 이야기에서 한 여인의 아름다움을 꽃으로 표현하는 건 아주 많아. 수로부인에게 꽃을 바친 행위를 그녀의 아름다움에 대한 찬탄과 인정으로 볼 수 있는 거잖아?

캐순 그럴 수 있다고 나도 생각해. 그런데 글의 화자가 "그는 사람에게 무엇이 허용되는지를 알지 못했다"라고 한 말이 걸려서 그래.

그럼, 사람에게 허용되는 일이 아닌 것을 바라서 바다 속으로 잡혀갔다는 거니?

캐순 사람을 뛰어넘는 존재가 된 사람을 그렇게 표현한 것이 아닐까? 앞에서 말했듯이 하늘 닿을 것처럼 솟아 있는 바위 위에 핀 꽃은 단순히 아름다움이라기보다는, 숭고함 즉 거룩함이라 해야 하지 않을까? 거룩함은 사람이 자신을 뛰어넘었을 때 나타나는 성품이니까.

거룩한 왕(성덕왕)의 시대에 거룩한 여인이 나타난 셈이네. 재미있는 발상이다.

뭉술 그래도 나는 바다의 용에게 잡혀가는 것은 이해가 안 돼.

범식 옛이야기를 보면 사람을 뛰어넘는 존재를 꿈꾸는 사람은 반드시 지금까지와는 전혀 다른 문턱을 넘어야 하잖아. 그 문턱이 용에게 잡혀가는 것이 아닐까?

캐순 문턱을 넘은 뒤에야 비로소 바라던 사람이 되어 있기는 하지.

뭉술 그렇다면 아직 수로부인이 거룩하고 숭고한 사람이 아니라는 거니?

범식 수로부인에게 변화가 일어나지 않은 걸로 봐서, 그렇게 봐야 할 것 같아. 지금은 단지 거룩한 사람이 되기를 열망하고 있는 상태라고나 할까.

공이 아내에게 바다 속의 일을 물었다. 수로부인이 대답했다.

"일곱 가지 보물로 꾸민 궁전에 음식은 달고 부드럽고 향기롭고 깔끔하여, 인간 세상의 음식이 아니었습니다."

부인의 옷에도 색다른 향이 배어들어 있었는데, 이 세상에 알려지지 않은 향기였다.

수로부인의 맵시와 낯빛, 시대를 훌쩍 벗어나 있는 아름다움이었다. 깊은 산이나 큰 물가를 지날 적마다 신령한 것에게 붙들려갔다. 그때마다 뭇 사람이 '바다의 노래'를 불렀다.

뭉술　드디어 수로부인에게 변화가 일어났어. "이 세상에 알려지지 않은 향기"를 내고 있잖아!

범식　"시대를 훌쩍 벗어나 있는 아름다운" 존재가 되기도 했어.

캐순　그런데 스스로의 힘으로 바다 속에서 나오지 않은 건 왜일까?

범식　수로부인이 그 시대의 표상이어서, 그러한 시대를 지켜내는 모습을 이렇게 표현한 것이 아닐까?

범식이 네 말은 수로부인을 단지 한 사람이 아니라 '그 시대를 형상화'한 인물로 봐야 한다는 거지?

범식　맞았어. 역시 뭉술이야.

캐순　한 장의 그림이 한 시대를 표상하듯, 수로부인은 신라의 절정인 성덕왕 때를 표상하는 인물이라고 보는 게 맞을 것 같아. 그렇지 않다면, 이 이야기가 역사책에, 게다가 역사를 집약적으로 보여주는 부분에 실릴 이유가 없겠지.

뭉술　나도 동의해. 한 장의 그림에서 《레미제라블》* 에 나오는 장

* 빅토르 위고의 소설인데, 뮤지컬로도 만들어졌다. 아버지가 없어서 굶주리고 있는 일곱 조카들을 위해, 빵 한 덩이를 훔쳤다가 체포되어 19년이나 감옥에 갇혔던 장발장에 관한 이야기다.

가르강튀아

도미에가 프랑스 왕 루이 필립을 가르강튀아Gargantua로 풍자한 그림이다. '컨베이어 벨트'처럼 된 가르강튀아의 혀를 보라. 백성들이 피땀으로 만든 것들이 왕의 혓바닥을 통해 컨베이어를 타고 왕의 뱃속으로 들어가, 그를 살찌우고 똥으로 배설되고 있다. 당시 지배계급의 부패와 착취가 이랬다.

발장의 시대가 어땠는지를 단박에 알아차린 적이 있거든. 프랑스의 화가 도미에가 그린 것인데, 빈민과 노동자들에게서 짜낸 돈이 끊임없이 왕의 입으로 들어가 그의 배를 불리는 그림이야. 당시 프랑스왕 루이 필리프를, 풍자소설에 나오는 거인 가르강튀아로 묘사했다고 들었어.

범식 나도 그 그림이 '비참한 사람들'이라는 뜻인 레미제라블, 즉 장발장의 시대를 정말 잘 보여주고 있다고 생각해. 하지만 이 그림에 나오는 탐욕스런 자는, 단지 "당시 프랑스왕 루이 필리프"를 가리킨다고 여기지 않아. 그것은 그 시대 부르주아지*의 탐욕을 가리키고 있다고 생각해. 화가 오노레 도미에가 그것을 루이 필리프 왕으로 풍자한 것은, 그 사람을 부르주아지가 세운 왕이어서 그랬을 거야.

캐순 아, 프랑스에 그런 역사적인 사실이 있었구나. 이해가 안 되는 게 있었는데, 그 위대한 프랑스 혁명†을 해놓고도 프랑스가 제국주의 국가‡가 된 게 이해가 안 되었거든. 이제

* 원래는 도시에 사는 중산층을 뜻했으나, 프랑스 혁명을 지나면서 자본가 계급을 뜻하게 되었다.

† 1789년 7월 14일에 일어난 혁명이다. 자유, 평등, 우애를 내세웠으나 그것을 충분히 이루지 못하고 나폴레옹의 등장으로 막을 내렸다. 하지만 이 혁명은 근대 시민사회에 지속적으로 정신적인 양분을 제공했다.

‡ 프랑스는 20세기에도 알제리나 베트남을 계속 식민지로 두려고 했다.

민중을 이끄는 자유의 여신

《레미제라블》 뮤지컬 등의 포스터에 늘 쓰이는 그림이다. 들라크루아는 이 그림을 통해 프랑스 대혁명, 특히 7월 혁명정신을 형상화했다. 민중을 이끄는 자유의 여신과 가르강튀아가 한 없이 멀리 있다는 게 느껴진다.

이해가 됐어. 프랑스 혁명 뒤에, 부르주아지들이 빈민이나 노동자들을 잡아먹은 거였어.

물술 처음엔 프랑스 안에서 '비참한 사람들'을 잡아먹다가, 그것으로도 배가 부르지 않자 다른 나라를 삼킨 거였구나!

범식 한 폭의 그림이 프랑스 혁명의 실패를 단적으로 보여주듯, 수로부인 이야기도 '아름답고 거룩한 사람', 즉 '그런 시대'를 빼앗으려 하는 것들이 있다는 것을 보여주고 있다고 생각해. 그것을 지켜내는 것을 형상화한 노래가 당시 사람들이 불렀다는 '바다의 노래'(해가)이고.

거북아, 거북아! 수로부인을 내놓아라.
남의 아내를 약탈해 간 죄 얼마나 큰가?
네가 만약 거역하고 내다 바치지 않으면
그물을 쳐 잡아서 구워먹으리라.

노인이 바친 〈헌화가〉는 다음과 같다.

자줏빛 바위 가에서
암소 잡은 손 놓게 하시고
나를 부끄러워하지 않으신다면

꽃을 꺾어 바치오리다.

 아무리 좋은 시대도, 수로부인을 빼앗는 것들이 있는 것처럼 내리막을 겪고 결국은 망하는 법이니까, 이제 신라의 내리막을 봐야 할 차례구나.

캐순 역사는 안 좋은 쪽으로 가려는 힘이 늘 작동하고 있으니까. 그것을 지켜내야 하는 게 힘들겠지.

범식 문제는 내리막길인데도 그 시대를 살고 있는 사람은 내리막길에 접어들었다는 사실을 잘 모른다는 거야. 오히려 사람들은 절정기를 누리고 있다고 생각하지. 한참 내려간 뒤에야 알게 돼. 그때, 개혁을 해야 하는데 되게 어려워. 마치 산을 한참 내려온 뒤에 다시 올라가려고 하면 처음에 산을 올라갔을 때보다 힘이 곱절로 드는 것처럼, 개혁은 힘들지. 다음에 보게 될 경덕왕과 그의 아들 혜공왕의 시대가 그래.

07

하늘길마저 끊어버린 욕망이여

딸을 아들로 바꾼 경덕왕과 표훈대덕

【경덕왕과 충담사와 표훈대덕】 (당나라에서) 노자 《도덕경》 등을 보내니, 대왕이 예를 갖추어 이를 받았다. 경덕왕은 24년 동안 나라를 다스렸는데, 오악* 삼산†의 신들이, 때때로 대궐 뜰에 몸을 나타내 왕을 모셨다.

삼월 삼일, 삼짇날에 왕이 귀정문의 누각에 행차하여 신하들에게 말했다.

"누가 길에 가서 영화로운 옷을 입은 승려 한 분을 찾아 모셔 올 수 있겠소?"

* 동악 토함산·남악 지리산·서악 계룡산·북악 태백산·중악 팔공산.

† 경주 남산·영천 금강산·청도 부산.

이때 마침 위엄을 갖춘 말쑥한 차림의 한 대덕이 느긋하게 길을 걷고 있었다. 신하들이 이것을 보고서 그를 왕에게 데려가 뵙게 하였다. 그러자 왕이 "내가 말하는 영화로운 승려가 아니다" 하고는 그를 물리쳤다.

이때 승복을 입은 사람이 벚나무로 된 통을 메고(일연 주: 혹은 삼태기를 걸머졌다고도 한다) 남쪽에서 오고 있었다. 왕이 그를 보고 기뻐하며 누각 위로 맞아들였다. 짊어지고 있는 통 속을 보니, 차 달이는 도구만 가득 들어 있었다. 왕이 말했다.

"너는 누구냐?"

승려가 대답했다.

"충담."

왕이 물었다.

"어디에서 왔느냐?"

승려가 대답했다.

"소승은 3월 3일과 9월 9일이 되면 늘 차를 달여서 남산 삼화령의 미륵세존*께 바쳤소. 오늘도 차를 바치고 왔지요."

왕이 말했다.

* 지금 남산 삼화령에는 미륵불상이 없다. 1925년 삼화령에서 경주박물관으로 옮겨온 미륵불삼존상이 바로 이 불상이라고 생각한다. 100여 년 전의 사진을 보면 삼화령 석실 속에 이 불상과 보살상들이 봉안되어 있었다.

"과인 역시 한 사발의 차를 나누어 가질 수 있겠습니까?"

승려가 차를 달여 바쳤는데, 차 맛이 특이하고, 사발 안에서 특이한 향기가 진동했다. 왕이 말했다.

"기파랑을 찬양하는 사뇌가를 스님께서 지었다는데, 그 뜻이 아주 높다는 소리를 짐이 들었습니다. 정말로 그러합니까?"

"암[然]."

"그렇다면, 짐을 위해서 백성을 편안히 하는 노래를 지어주십시오."

승려는 곧바로 왕의 명을 받들어 노래를 지어 바쳤다. 왕이 그를 좋게 여겨 왕사王師*로 봉했으나, 승려는 두 번 절하고 굳이 거절하며 받지 않았다.

〈안민가〉는 다음과 같다.

임금은 아버지이고
신하는 자애로운 어머니요
백성은 어리석은 아이로다 하시면
백성이 그 사랑을 알리라.
꾸물거리며 살아가는 중생들에게

* 왕의 스승이라는 뜻이다.

이를 먹여 다스릴러라.
이 땅을 버리고 어디 가리오 한다면
나라가 보존될 것임을 알리이다.
아아! 임금답게 신하답게 백성답게 한다면
나라가 태평하리이다.

〈찬기파랑가〉는 다음과 같다.

우러러보니
또렷한 달이
흰 구름 좇아 떠가는 것 아닌가?
새파란 시냇물에
기파랑의 모습이 있어라.
이르내(은하) 조약돌에서
기파랑이 지니셨던
마음을 따르노라.
아아, 잣나무 가지 드높아
눈서리 이겨낼 화판花判이여.

왕의 음경은 여덟 치였다. 아들이 없어, 왕비(삼모부인)를 폐하고 사량부인으로 봉했다. 후비인 만월부인은 시호가 경수태후로 각간 의충의 딸이다.

하루는 왕이 표훈대덕을 불러 말했다.

“짐이 복이 없어 후사를 두지 못했으니, 대덕께선 상제에게 청해 후사를 얻게 해주시오.”

표훈이 올라가 상제에게 고하고, 돌아와 임금에게 아뢰었다.

“상제께서, 딸은 되지만 아들은 마땅치 않다고 하셨습니다.”

왕이 말했다.

“딸을 아들로 바꾸어주길 바라오.”

표훈이 다시 하늘에 올라 요청했다.

상제가 말했다.

“할 수야 있지. 하지만 남자가 되면, 나라가 위태로울 것이다.”

표훈이 지상으로 내려오려 하는데, 천제께서 그를 불러 세운 뒤 말씀하셨다.

“하늘과 사람 사이에는 엄연히 구별이 있다. 그런데 대사가 하늘에 오르기를 마치 이웃 마실 드나들 듯하며 천기를 누설하였으니, 지금 이후로 다시는 하늘로 발길을 하지 말라.”

표훈이 내려와서 천제의 말로 깨우치자, 왕이 말했다.

“나라가 비록 위태로워진다 하더라도, 아들을 얻어 뒤를 이을 수만 있다면 상관없소.”

얼마 후에 만월왕후가 태자를 낳으니(경덕왕 17년) 왕이 매우 기뻐했다. 태자가 여덟 살이 되었을 때, 왕은 죽었다. 태자가 왕위에 오르니, 이가 바로 혜공대왕이다. 왕이 어린애여서 태후가 섭정하였다. 정치가 이치에 어긋나므로 도적들이 벌떼처럼 일어났다. 하지만 막을 길이 없었다. 표훈 스님의 말이 들어맞은 것이다. 어린 임금은 본래 여자였으나 남자로 바뀌었기 때문에, 돌 때부터 즉위할 때까지도 늘 여자들 놀이를 하고 놀아, 비단 주머니 차는 것을 좋아하고, 도사道士들과 희롱했다. 그래서 나라가 크게 어지러워져, 끝내 왕은 선덕왕과 김양상*에게 시해되었다. 표훈 이후로 신라에 성인聖人이 태어나지 않았다고 한다.

캐순 야옹샘, 이거 경덕왕 조목이 맞나요?

야옹샘 맞는데~ 왜 그러죠?

캐순 경덕왕 때 불국사와 석굴암이 만들어진 걸로 아는데, 그게 언급도 되지 않는다는 게 이상하잖아요.

뭉술 나는 하나도 이상하지 않은데? 일연 스님이 그 사실을 몰랐을 수도 있잖아.

범식 그게 아니야. 경덕왕 때 불국사와 석굴암이 조성되긴 했지

* 이가원은, 양상은 선덕왕의 이름이므로, 선덕왕과 함께 거병한 김경신을 잘못 기록한 것으로 본다. 이것이 맞을 것이다.

너 out!!
싹둑!
...

만, 김대성이란 사람이 지은 거니까 나올 필요가 없지.

캐순 그렇게 생각하면 그래. 그런데 불국사와 석굴암이 지어진 때는 불교의 최전성기라고 할 수 있잖아. "표훈 이후로 신라에 성인聖人이 태어나지 않았다"는 소리는, 이때부터 불교가 쇠퇴했다는 소리로 들리거든. 일연 스님의 말이 뭔가 이상하단 말이야~. 신라에서 불교는 신라가 사라질 때까지 융성했기도 하고.

요즘 학자들은 대부분 불국사와 석굴암이 김대성이라는 한 개인이 만든 사찰이 아니라, 경덕왕의 지시에 의해 만들어진 사찰로 여기고 있어요. 그런 주장의 논거 중 하나가 《삼국유사》〈김대성이 전생과 지금의 부모에게 효도하다〉라는 조목인데요. 거기에 일연 스님이 절의 기록이라며 따온 "경덕왕 대 재상 김대성이 짓기 시작해서 경덕왕의 아들 대인 혜공왕 때 김대성이 죽고 국가가 완성했다"는 구절이 있거든요.

뭉술 그 말이 오히려 김대성이 지었다는 것을 말해주는 게 아닌가?

범식 김대성이 지은 것이긴 하지만, 재상으로서 지은 거라고 여겨야 한다는 소리인 거지.

캐순 불국사와 석굴암을 한 사람의 재력으로 이루어냈다고는 믿어지지 않아. 김대성의 발원*으로 시작했지만 국가사업으로 진행했다고 보는 게 그럴 듯하다고 생각이 드네.

물술 설사 김대성 혼자 두 사찰을 지었다 하더라도 경덕왕의 시대를 알리는 것으로 이렇게 엄청난 일을 빼버린 건 문제라는 생각이 들긴 한다. 어쨌든 경덕왕 대 된 거잖아.

범식 일연 스님이 경덕왕을 말하려고 했을 뿐, 경덕왕 대를 말하려고 한 게 아닌데도?

캐순 그렇게 단정하는 건 조금 성급한 게 아닐까? 왕은 그 개인이기도 하지만, 그 시대를 대표하고 표상한다고도 할 수 있으니까. 어쨌거나 일연 스님은 "표훈 이후로 신라에 성인이 태어나지 않았다"는 말을 함으로써, 경덕왕 때는 불교가 곤두박질치는 시기라는 걸 알리고 있어.

범식 그건 일연 스님의 생각일 뿐이잖아. 경덕왕 때는 신라 문화가 활짝 피던 시기였어. 석굴암과 불국사는 명백한 그 증거이고.

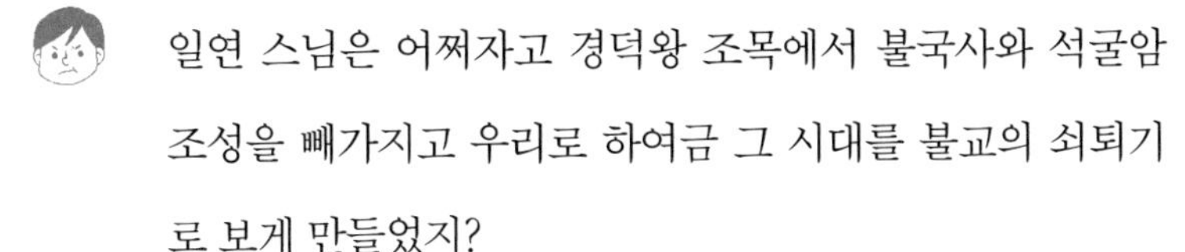

일연 스님은 어쩌자고 경덕왕 조목에서 불국사와 석굴암 조성을 빼가지고 우리로 하여금 그 시대를 불교의 쇠퇴기로 보게 만들었지?

* 김대성은 전생의 부모와 현생의 부모를 위해 두 절을 짓기로 서원했다.

캐순 알겠다. 일연 스님은 우리로 하여금 그 시대를 부정적으로 여기도록 일부러 그것을 뺀 거야. 역사를 바라보는 스님의 눈에 비치는 것은 불국사 석굴암 같은 게 중요한 것이 아니라는 거지.

 설마! 그럼 뭐가 중요한데?

범식 캐순이 말이 틀림없다면, 일연 스님은 너무도 주관적으로 역사를 본다는 비판을 받아야 해.

캐순 스님이 중요하게 여긴 게 뭔지는 우리가《삼국유사》를 곱씹으면서 찾아야 할 몫이겠지. 그리고 역사를 바라보는 눈은 어차피 주관적이야.

범식 엄밀한 의미에서 역사는 주관적일 수밖에 없다는 것은 나도 인정해. 하지만 상당한 정도의 객관성을 유지하는 것은 가능하고, 그럴 때만 역사란 소리를 들을 수 있다고 생각해.

캐순 《삼국유사》를 쓴 사람은 일반 사람이 아닌 '스님'이야. 스님의 눈이 일반 사람과 같은 눈을 갖고 있다면 스님이라고 할 수 있을까?

뭉술 스님도 같은 사람인데, 왜 스님의 눈은 특별하다고 생각하지?

캐순 물론, 스님도 사람이지. 내 말은 스님이 허무맹랑한 것을 본다는 것이 아니야. 사람이면 볼 수 있지만, 스님처럼 수행을 해야 보이고, 그렇지 않으면 잘 보이지 않는 것이 있을 거라는 생각에서 한 소리야.

범식 그래~ 스님의 눈으로 바라본 경덕왕 시대라……. 색다른 맛을 느낄 수 있는 기회라 생각하고, 본문을 분석해 보지 뭐!

야옹샘 조금 더 곁들여서 얘기하면, 일연 스님의 글쓰기 방식 중 하나가 '일부러 빼버리기'예요. 한 왕의 시대를 한 두 이야기로 응축하려면, 대부분의 것들은 빼야 해요. 그런 점에서 '빼는 것'은 특별할 게 없어요. 그런데 어떤 왕 때의 어떤 일은 절대 빼서는 안 될 것 같은데 일부러 빼버렸다는 생각이 들어요. 충격적이죠. 그 분의 사상이 역설적으로 확 드러나는 지점이라 할 수 있어요. 빼버림으로써 그게 별 게 아니라는 게 더 도드라지게 보인다고나 할까요. 여기서의 석굴암과 불국사도 그런 게 아닌가 싶네요.

일반 사람들 눈엔 석굴암과 불국사가 대단하게 보이지만, 스님의 눈엔 하찮다는 건가?

뭉술 내 눈엔 석굴암이 정말 환상적이었는데…….

범식 일연 스님이 석굴암과 불국사가 볼품없다고 한 적은 없어. 단지 〈경덕왕〉 조목에 그것을 안 실었을 뿐이지. 안 실음으로써, 스님은 경덕왕 시대를 보려면 그것들이 아니라 다른 것들을 봐야 한다고 말씀하고 있는 셈이지.

캐순　경덕왕과 그 시대를 단적으로 표현할 수 있는 말을 〈경덕왕과 충담사와 표훈대덕〉 조목에서 고른다면 어떤 구절을 고를래?

뭉술　"나라가 비록 위태로워진다 하더라도, 아들을 얻어 뒤를 이을 수만 있다면 만족하오."

범식　"아들이 없어, 왕비를 폐했다."

캐순　나는 남자를 여자로 바꾼 게 눈에 확 띄어.

뭉술　그냥 해보는 소리겠지. 정말로 그런 일이 일어났겠어?

범식　나는 조금 달리 생각해. 물론 그 당시에 여자를 남자로 바꿀 수는 없었어. 그런데 이 말을 다른 식으로 이해하면 이해가 안 되는 게 아니야. 그것을 물리적인 사실이 아니라, 문학적인 비유로 봐야 한다고 생각해. 비유를 비유로 읽지 않는 것은 시집을 과학 책으로 읽는 것과 똑같아. 문제는 '하필 이렇게 비유했을까'라고 생각해. 당시 사람들에게 도저히 할 수 없는 일로 여겨지는 게 남자를 여자로, 여자를 남자로 바꾸는 것이어서 그런 게 아닐까? 품어서는 안 될 욕망을 품은 것을 이 이상 더 잘 표현할 수 없다고 생각해. 경덕왕의 욕망이 그 정도로 컸다고 이야기꾼은 말하고 싶었던 거지.

캐순　그렇게 말하니까, 경덕왕의 이미지가 그려진다. 마초 같다고나 해야 할까?

뭉술 캐리커처로 경덕왕을 그려보는 것도 재미있겠다.

범식 마초라고 하니까, 한 구절이 눈에 확 들어온다. "왕의 음경은 여덟 치였다."

뭉술 역시 그 말을 상징적인 표현으로 봐야겠지? 이 말보다 더 경덕왕과 그 시대를 실감나게 나타낼 말은 없을 것 같지 않니?

캐순 나도 그렇게 생각해. 힘과 욕망이 뻗칠 대로 뻗친 시대, 이런 이미지가 확 든다.

범식 겉으로 보면 대단히 활기차고 번성한 듯하지만, 속을 깊게 들여다보면 욕망을 주체하지 못해 욕망이 이끄는 대로 막 살아가는 시대였다는 거지, 그 시대가!

뭉술 겉으로 보이는 대로 보는 눈은 일반 사람의 눈이고, 속을 깊게 들여다보는 눈은 일연 스님의 눈이라 할 수 있겠다.

멋지다, 그 말.

범식 '역사를 볼 때는 겉보기에서 그쳐선 안 되고, 속을 꿰뚫어 봐야 한다.' 이런 사상을 바탕으로 《삼국유사》는 쓰였다고 할 수 있을 것 같아. 〈경덕왕〉 조목은 일연 스님의 이런 역사관이 잘 드러난 항목이고.

캐순 욕망이 뻗칠 대로 뻗친 시대, 음경이 팔뚝만큼 큰 시대로 표현되는 나라의 모습은 구체적으로 어떤 모양일까?

뭉술 자기 힘을 과신하는 나라의 모습이겠지.

범식 큰 것만이 좋다고 여기는 나라라고나 할까.

캐순 맞아. 아기자기함과 섬세함, 다양성을 잃어버린 나라. 뻗어 나가는 힘만이 숭배되는 나라란 생각이 든다.

범식 소크라테스는 그런 나라를 '염증으로 부은 나라'[*]라고 했지.

뭉술 비곗살이 밖으로 터져 나올 것 같은데도 계속 꿀꿀꿀 하며 먹을 걸 찾는 돼지의 나라라고도 할 수 있겠지.

캐순 스님은 왜 경덕왕과 그의 시대를 욕망이 부글부글 끓는 시대로 느꼈을까?

"정치가 이치에 어긋나므로 도적들이 벌떼처럼 일어났다. 하지만 막을 길이 없었다"라는 구절이 그 상황을 보여주잖아?

범식 그건 경덕왕의 아들 혜공왕 대에 일어난 일이야.

캐순 그렇긴 하지만, 그 일이 〈경덕왕〉 조목에 나와 있다는 점도 고려해 봐야 하지 않을까? 스님이 그 사실을 굳이 여기서 밝힌 까닭이 있을 것 같아서 그래.

* 플라톤 원저, 이양호 지음, 《소크라테스는 한번도 죽지 않았다》 (평사리, 2017), 12쪽.

물술　혹시 일연 스님은 여기서도 겉보기와 속 꿰뚫어보기를 구별하고 있는 건 아닐까?

범식　물술아, 네가 생각하는 것을 조금 더 자세히 말해봐.

물술　"정치가 이치에 어긋나므로 도적들이 벌떼처럼 일어난" 사건이 혜공왕 때 일어나긴 했지만, 꿰뚫어보는 눈으로 보면 경덕왕 때 이미 일어난 것이나 다름없다는 말을 하고 있다는 생각이 들어.

와, 그럴 듯한데~

범식　동감이야! 생각해보면 그런 생각은 일연 스님이 독창적으로 찾아낸 생각이 아니야. 옛날엔 그것이 오히려 일반적인 생각이었어. 절기를 떠올려 봐. 봄은 겨울 속에 이미 와 있어. 입춘이라 하지만 2월 초인지라 체감으론 엄청 춥고, 입추라 하지만 8월 초인지라 한참 더 지나야 더위가 가시고 서늘해지잖아.

캐순　맞아. 양력으로 12월 20일경인 동지는 겨울이 정점에 이르렀다는 뜻인데, 추위가 본격적으로 시작되는 때는 동지 지난 다음이고, 더위도 하지 지난 다음에 본격적으로 시작되지.

물술　입추가 되면, 하루 내내 더운 건 그 전이나 똑같은데 새벽녘은 서늘해. 새벽에 깨어 있는 사람이 아니면 새 기운이 몰려오고 있는 것을 느낄 수 없지.

캐순 새벽에 깨어 있어, 오고 있는 시대에 대한 느낌을 갖는 게 꿰뚫어보는 눈을 갖는 것이라고 할 수 있겠다.

범식 '지금 일어나고 있는 일은, 사실은 벌써 일어난 일'이라는 생각은 극히 과학적인 헤아림이기도 해. 인과론이 바로 그거잖아.

야옹샘 여러분이 일연 스님의 생각을 참으로 잘 간파해냈다는 생각이 드네요. 조금 어려운 얘기가 되겠지만, 여러분의 도약을 위해서 조금만 곁길로 들어갈게요. 지금 충분히 이해하지 못해도, 이런 게 있다는 것을 들어두는 것만으로도 의미가 있을 거예요. 여러분이 말했듯이 일연 스님의 사상은 '이때' 일어나는 일의 뿌리를 '그때'에서 찾으려는 거예요. 이런 생각을 표현하는 것으론 과학적인 인과론, 불교의 인연론이나 응보론, 니체의 '영원회귀설', 현대 철학의 거장인 들뢰즈의 '주름과 펼쳐짐'이 있어요. 하지만 이 용어들은 서로 약간씩 그 결을 달리해요. 지금은, '이때' 일어나는 일의 뿌리를 '그때'에서 찾으려는 생각에도 그 결을 달리하는 게 여럿이라는 것만 머리에 넣어두고, 나중에 이들 각각에 대해 알아보길 바랍니다. 인과론은 100퍼센트, 즉 필연성을 뜻한다는 점에서 스님의 생각과는 조금 거리가 있을 듯싶네요. 스님의 생각은 "될 성 싶은 나무는 떡잎부터 다르다"는 속담과 결을 같이하고 있다고 생각되니까요.

물술 저희들 떡잎은 다르죠?

야옹샘 떡잎을 지나, 둥치를 만들어가는 틀이 이미 다르게 자리 잡혀가고 있네요. 교언영색(말을 그럴 듯하게 하여 상대편의 환심을 사려는 태도)인지 아닌지는 여러분에게 맡길게요.

뭉술 알겠습니다~. 얘들아, 이제 경덕왕과 함께 나온 두 스님, 충담사와 표훈대덕 얘기를 좀 해보자. 나한테 두 사람을 그리라고 한다면, 한 사람은 여기저기 헝겊으로 덧대어진 옷을 입은 사람이 꼿꼿하게 서 있고, 다른 사람은 고운 베로 말끔하게 지어진 옷을 입었는데 얼굴도 크고 배도 나온 모습으로 그리겠어.

범식 두 사람이 너무 달라! 한 사람은 깡마른 몸피에 볼 살이 없는 얼굴일 것 같고, 다른 한 사람은 몸피가 풍만하고 얼굴도 둥글넓적할 것 같아.

한 사람은, 딱 논산 관촉사에 있는 미륵보살이네! 표훈대덕은 큰 덕을 가져서 '대덕'이 아니라, '육덕'* 이 커서 대덕이라는 소리를 듣는다는 말이네.

캐순 나에게 떠오르는 이미지도 비슷한데, 조금 달라. 충담사의

* 덩치가 좋은 것을 불교에서 이렇게 표현하기도 한다. 수도를 게을리 한다는 비꼼이 들어있는 말이다.

논산 관촉사 석조미륵보살입상

큰 힘을 나타내는 데에 온 정신이 팔렸던 지방 호족들이 부처님도 자기들 같을 줄 알고 만든 불상이다. 비대하게 큰 머리가 단적으로 그것을 보여준다.(보물 218호)

금동제관음보살입상

높이 33cm에 불과한 불상이다. 신라 7세기에 제작되었을 것으로 추정하는데, 당시 신라인의 정신이 아름다우면서도 위압적이지 않은 것을 추구했음을 알 수 있다.(국보 제183호)

몸은 조금 마른 편일 것 같기는 해. 얼굴은 말랐다기보다는 군살이 없다는 게 더 맞을 것 같아.

뭉술　이 사람은 국립중앙박물관에서 본 관음보살이군.

범식　'논산 관촉사 석조미륵보살입상'과 '금동제관음보살입상' 이라~ 재미있는 그림이네.

캐순　충담사는 왕의 말에 고분고분하지 않는데, 표훈대덕은 왕의 말에 고분고분한 것에 주목할 필요가 있을 것 같아.

뭉술　그러다가 표훈은 상제님께 엄청난 꾸지람을 들었고.

범식　다시는 하늘에 올라올 수 없다는, 벼락 떨어지는 소리를 들은 거지. "표훈 이후로 신라에 성인이 태어나지 않은 것"은 경덕왕과 표훈 둘 다에게 책임이 있지만, 표훈에게 더 있다고 봐야할 것 같아.

뭉술　동감~.

캐순　나는 하늘 올라가는 길을 상제가 끊은 것이 아니라, 표훈 스스로 끊었다고 생각해. 정신적이고 종교적인 것을 떠맡아야 할 대덕이라는 사람이, 욕망대로 사는 왕의 심부름꾼이 된 것 자체가 하늘스런 것과는 완전 딴판이잖아?

범식　그런 삶을, 하늘 올라가는 길이 끊긴 것으로 표현했다는 건가?

캐순　그렇지.

나는 충담이다!

물술 충담사는 당당해서 멋지기는 한데, 왕에게 너무 심하게 말 한다는 생각이 들지 않니?

범식 나도 그렇게 생각해. 왕이 "너는 누구냐?"라고 물으니까, 그냥 "충담"이라고 했어. '소승은 충담이옵니다'라고 해야 할 것 같은데, 그러지 않았거든.

물술 그 정도는 그래도 괜찮아. 왕의 물음에 "암~"이라고 한 건 정말 너무 심했어.

캐순 왕이 먼저 "너는 누구냐?"라고 반말로 물었으니까 그렇게 답한 거겠지.

범식 왕이 '스님'이란 존칭을 붙여주며 물었는데도, 충담사가 "암~"이라고 대답한 건, 그럼 뭔데?

"너는 누구냐?"란 왕의 물음에, 스님이 삐져서 "충담" 했다고는 생각하지 않아. 안하무인인 왕의 모습을 깨우쳐 주려고 그렇게 말했을 거라고 생각해.

물술 완전 미러링*이네~.

캐순 그렇기도 하지만, '왕이라는 지위는 아무런 값어치가 없을

* 컴퓨터 용어로, 어떤 도형의 이미지를 180도 회전시켜서 화면에 표시하는 것이다. 한 여성 단체가, 여성혐오를 그대로 남성에게도 반사하여 적용하는 '미러링'을 사회 운동 전략으로 삼아 주목을 받았다.

수도 있다'는 것을 깨우치고 싶었던 거겠지. 왕에겐 충격이었겠지. 왕을 이렇게 막 대하는 사람은 없었을 테니까.

야옹샘 맞아요. 왕이 엄청 충격을 받았을 거예요. 조금 어려운 얘기를 할게요. "너는 누구냐?"란 물음도 그렇지만, 왕의 다음 물음 "어디에서 왔느냐?"도 단순한 의미의 물리적인 것을 묻는 게 아니에요. 이름을 물은 것은 그 사람의 본질을 묻는 것이고, '온 곳'을 묻는 것은 그 사람의 귀의처(정신적인 의미에서 머물러야 할 곳), 즉 나아갈 푯대가 무엇인가를 묻는 거죠. 불교에선 이런 것을 법거량 또는 선문답이라 해요.

범식 '충담'이란 이름이 일반적으로 생각하는 이름이 아니란 말

인가요?

 그래요. 충담은 '마음 한 가운데에서 나오는 소리'란 뜻이니까, 이 스님은 왕 앞에 있는 자신을 그렇게 표현했다고 할 수 있어요.

캐순 상당히 시詩적인데? 일종의 '호'라고 해야겠네요. 그런 식의 이름이《삼국유사》에 또 있겠죠?

야옹샘 있고말고요.《삼국유사》에 들어있는 이야기를 떠올려 보세요. 이런 식의 이름이 뭐가 있을까요?

뭉술 피리를 잘 불어, 그가 피리를 불면 달님도 멈춰 서서 피리 소리를 듣고 갔다는 월명사月明師도 이런 식의 이름일 것 같아요.

범식 눈 뜨기를 간절히 바랐던 희명希明(바랄 희, 밝을 명이므로)이란 이름도.

캐순 혜성을 없애 하늘을 질서가 있는 상태로 융화시켰던 사람, 융천사融天師도. 융화시킬 융, 하늘 천이니까!

야옹샘 잘 찾았네요. 그 밖에도 영재, 응렴, 손순, 사복 등이 떠오르네요.《삼국유사》를 다시 읽으면서 이런 이름을 눈여겨보세요.

범식 이름은 상징적인 것 같은데, 충담 스님이 삼화령 미륵세존께 차를 바치고 온 것도 상징적인 의미로 볼 수는 없잖아?

뭉술　‘삼화령 미륵세존께 차를 바치고 온 것’은 물리적인 의미라는 거지?

캐순　물리적인 장소이면서, 상징적인 의미를 같이 담은 말일 수는 없을까? 영화 〈밀양〉* 이 그렇잖아. 경상남도에 있는 지역 이름이기도 하고, 하나님의 사랑을 뜻하는 은밀한 볕[密陽], 두 의미가 다 담겨있는 것처럼 말이야.

범식　영화 〈곡성〉도 그런 경우야. 전라남도 곡성이면서, 곡소리[哭聲]이기도 하지.

충담사가 말한 곳은 경주 남산 삼화령에 미륵세존이 모셔진 곳이면서, 그 곳이 또 무슨 뜻을 가진다는 거지?

범식　충담사는 미륵세존, 즉 미륵사상을 자신의 귀의처로 여긴다는 의미를 가진다는 거지.

뭉술　미륵사상이 뭔데?

범식　미륵은 미래에 올 부처님이야. 석가모니 부처님이 구제할 수 없었던 중생들을, 미륵불이 미래에 와서 모두 구제한다는 사상이지. 이 신앙은 신라의 화랑과 밀접하게 연관되어 있다고 해. 미륵적인 이상 세계를 신라 사회에 구체적으로 실현시키고자 했던 게 화랑도 정신인 거지. 화랑도와의 관

* 이청준의 소설《벌레 이야기》를 이창동 감독이 영화화한 작품이며, 주연인 전도연을 칸의 여왕으로 만든 영화이다.

계만이 아니라, 미륵신앙은 우리나라에 상당히 많은 영향을 끼쳤어. 우리나라 지명이나 산이름·절이름 등에 미륵·용화·도솔 등이 많은 것, 절에 미륵불을 모신 미륵전彌勒殿이 흔한 것, 미륵 불상이 꽤 많이 전해지는 것, 미륵신앙에 얽힌 설화가 널리 퍼진 것 등을 보면 알 수 있지. 미륵사상은 사회가 혼란스러워질 때마다 사회 변혁을 꿈꾸는 사람들 사이에서 들불처럼 퍼져나갔어. 새로운 세계를 뜻하는 후천세계니, 개벽세계니 하는 말들이 다 미륵신앙과 잇대어져 있지. 참, 반가 사유상도 이 사상과 연결되어 있어. 미륵불이 다시 태어날 때까지, 중생 구제를 위한 자비심을 품고 먼 미래를 생각하며 명상하는 자세를 표현한 게 바로 반가 사유상이거든.

와, 범식이의 박식함은 정말 알아줘야 해. 충담사의 자태를 알고 싶으면 반가 사유상을 보면 되겠다. 화랑의 모습도 그렇고.

캐순 미륵사상—충담사—화랑—반가 사유상이 다 같은 맥락이라는 거지? 화랑과 반가 사유상은 많이 다른데?

범식 1970년대에 화랑을 너무 군사적인 관점에서 부각시켜서 그래. 신라의 화랑도는 뜻을 세운 청소년들의 공부 집단이었어. 무술 연마가 있었지만, 그것은 공부 중 한 부분이었어. 명승지를 찾아다니며 정신을 도야하는 것, 시를 짓고 노래를 부르는 것, 악기를 다루는 것도 그들의 주요한 공부였어. 대부분이 사라지고 몇 수밖에 안 남았지만, 그 많던 향가를 지은 작가가 대부분 화랑도일 거라고 추측할 정도인 걸.

물술 그런 뜻에서 화랑도를 국선도·풍월도·풍류도라고도 하지.

야옹샘 첫 화랑이라고 할 수 있는 원화는 아가씨였어요. 《삼국유사》〈미륵선화 미시랑과 진자사〉 조목에 다음처럼 나와요. "진흥왕은 천성이 풍류를 즐기고 신선을 매우 숭앙하여, 여염집의 아름답고 고운 아가씨를 뽑아 원화原花*로 삼았다. 무리를 모아 사관생도를 뽑고 효도, 우정, 충실, 신의를 가르쳤다. 이들 가르침은 나라를 다스리는 큰 줄기이기도 했다. 곧 남모랑과 교정랑을 원화로 뽑고, 삼사백 명을 모았다." 화랑과 미륵불이 깊이 맺어져 있다는 것도 바로 이어서 나와요. "진지왕 대에 흥륜사 승려 진자가 날마다 법당의 주 부처인 미륵불에게 나아가 다음처럼 서원했다. '우리 부처님께서 화랑으로 되어 세상에 나타나신다면, 제가 언제나 미륵 당신의 얼굴을 가까이 하고 받들어 모시겠습

* 화랑의 전신이고, 진흥왕 37년(576년)의 일이다.

니다.' 그의 정성과 간절함이 날로 더해 갔다. 하루 저녁은 꿈속에 웬 중이 나타나 말했다. '네가 웅천 수원사로 가면 미륵선화를 뵐 수 있을 것이다.' 진자는 꿈에서 깨어 놀랍고도 기뻐 그 절을 찾아 떠났다."

뭉술 정말 미륵과 화랑, 반가 사유상이 한 맥락에 있네.

야옹샘 "조선 초기에는 남자무당을 '화랑이'라고 했다"는 구절이 두산백과에 있기도 해요.

범식 그러면 무당도 그 맥락에 있다고 볼 수 있겠네요. 무당도 민중 구제와 관계있었다는 건가?

캐순 잠깐, 그래서 왕이 충담 스님에게 안민가를 지으라고 했구나! 미륵을 귀의처로 여기고 있다면, 민중 구원을 가능케 하는 노래를 지을 수도 있지 않겠느냐는 거였어.

뭉술 안민, 즉 백성을 편안케 하기 위해서는 임금이 임금답고, 신하는 신하답고, 백성은 백성다워야 된다는 거였고.

그 중 핵심은 임금이 임금다워야 하는 거고. 당신이 잘하면 된다고 경덕왕을 일깨우고 있는 셈이지. 그러면 태평성대가 된다.

캐순 스님이 불국토(부처님이 계시는 국토 또는 부처님이 교화하는 국토)나 극락(불교도들의 이상향이다. 기독교의 천국과 같은 의미다)을 내세우지 않고, '태평한 나라'를 푯대로 세운 게 인상적이다.

뭉술 자기 종교밖에 모르는 꽉 막힌 스님이 아니었던 거지, 충담 스님은!

캐순 충담 스님을 깊이 들여다 보고나니까 표훈대덕은 스님도 아니란 생각이 확실히 든다.

범식 그래서 일연 스님도 '표훈'이라 말하고, '스님'이란 호칭을 붙여주지 않았겠지.

진짜? "표훈 스님의 말이 들어맞은 것이다"라고 알릴 때만 빼고, 정말 다 '표훈'이라고만 말했네.

캐순 그때만 스님다웠으니까.

뭉술 경덕왕의 아들 혜공왕 때 신라 사회가 어땠는지 진심 궁금해!

범식 일연 스님이 《삼국유사》에 그것을 밝혀놨으니까 읽어보면 돼.

멸망을 알리는 이상한 징조들

【혜공왕】 대력 첫해(766년)에 강주(진주) 관청의 본관 동쪽 땅이 점점 꺼져 세로 열석 자, 가로 일곱 자 크기의 못이 생겼다(일연 주: 어떤 책에는 큰 절 동쪽의 작은 못이라 했다). 갑자기 잉어 대여섯 마리가 생겨났다. 고기들이 커지자 못의 넓이도 따라서 커졌다.

대력 2년 정미년(767년)에 또 천구성(주유성이나 혜성을 말한다)이 동쪽 누대 남쪽에 떨어졌다. 머리는 항아리만 하고 꼬리 길이는 석 자나 되었으며 색은 타는 불빛 같았는데 떨어지는 소리에 천지가 진동했다. 또 이해 금포현(김포)에서 5경頃 넓이의 논에 모두 벼 낟알이 아닌 쌀 낟알 이삭이 피었다. 이해 7월 북쪽 궁 뜰 가운데 먼저 두 개의 별이 떨어지고, 또 하나가 떨어졌는데 모두 땅 속으로 들어갔다. 이보다 앞서 북쪽 궁 뒷간 안에서 두 줄기의 연꽃이 피어나고, 또 봉성사(경주시에 있던 절) 밭 가운데서도 연꽃이 피어났다. 호랑이가 대궐 안에 들어와 뒤쫓았으나 행방을 알 수 없었다. 각간 대공의 집 배나무 위에 참새가 무수히 모여들었다. 《안국병법》 하권에 보면 "이런 변고가 있으면 천하의 군대가 매우 어지러워진다"라고 했다. 이런 일이 일어나자 왕이 대사면령을 내리고, 몸을 닦고 반성했다.

7월 3일에 각간(신라 제1등위) 대공이 반란을 일으켜 서라벌과 5도 주군에 속해 있는 96명의 각간들이 서로 싸워 나라가 크게 어지러웠다. 각간 대공의 집이 망하자 그 집에 쌓여 있던 보물과 비단을 왕궁으로 옮겨왔다. 신성(경주 남산)에 있던 장창이 불타자 사량리와 모량리 등에 있던 반역자들의 보물과 곡식도 왕궁으로 실어 날랐다. 난리가 3개월 만에 가라앉으니, 난리로 인해 상을 받은 사람도 많았지만, 죽임을 당한 자는 그 수를 헤아릴 수 없을 정도였다. 표훈이 “나라가 위태로울 것이다”라고 한 것이 바로 이것이었다.

캐순 “각간 대공이 반란을 일으켜 서라벌과 5도 주군에 속해 있는 96명의 각간들이 서로 싸워 나라가 크게 어지러웠다.” 이 한 문장만으로도 혜공왕 때 신라 사회가 어땠는지 훤히 드러난다.

뭉술 나라 전체가 내란에 휩싸였다는 거지.

범식 맞아. 신라는 17등위[*]까지 있는 신분 사회였는데, 제1등위인 각간이 96명이나 서로 싸웠다면 신라의 최고위층 전부가 내란 속으로 빠져들었다고 할 수 있어.

캐순 드러난 것은 혜공왕 때이지만, 그 씨가 뿌려진 것은 경덕왕 때라는 게 《삼국유사》의 역사관이고.

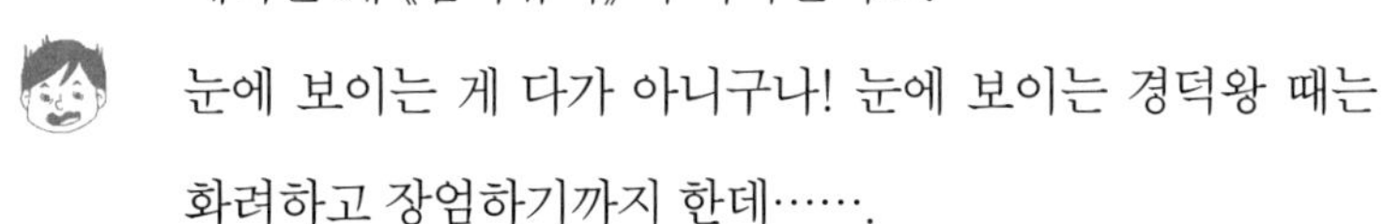

눈에 보이는 게 다가 아니구나! 눈에 보이는 경덕왕 때는 화려하고 장엄하기까지 한데…….

범식 서양의 르네상스 시기[†]도 그래. 예술 작품으로 찬란히 빛나

* 신라의 관직 등위제도이다. 신라 관료는 골품에 따라 올라갈 수 있는 한계가 있어서, 성골과 진골이 아닌 6두품은 5관등 이상 올라가는 것은 거의 불가능했다.

† 14~16세기에 서유럽에 나타난 문화운동으로, 학문 또는 예술의 재생·부활이라는 의미이다. 중세를 암흑기로 보고, 14~16세기에 고대의 위대함을 재생했다며 낭만주의자들이 붙인 이름이다.

는 시대 같지만, 사실은 전쟁 없는 해를 세는 게 더 빠를 정도로 허구한 날 전쟁을 했던 시대지.

전쟁 통 속에 퍼진 흑사병에 막 자빠져 주검이 된 사람들도 빼놓을 수 없지.

범식 이때부터 신라는 나라가 망할 때까지 서로 죽고 죽이는 일에서 벗어나지 못해. 혜공왕이 765년에 등극했고 나라가 망한 게 935년이니까, 무려 170년을 그러고 지낸 셈이야.

뭉술 그 사이에 평화 시기가 전혀 없었나?

캐순 어찌 그러겠어. 평화 시기라 해봤자 막간극* 정도라는 거지.

뭉술 "표훈 이후로 신라에 성인이 나지 않았다"는 말이 틀린 소리가 아니었구나!

범식 혜공왕 이후를 보여주는 이야기가 《삼국유사》엔 〈해양세력 장보고〉, 〈임금님 귀는 당나귀 귀〉, 〈처용가〉 등이 있고 흥미롭기도 해. 아쉽지만 건너뛰고, 막바지 이야기 〈진성여대왕과 거타지〉 조목으로 넘어가자.

* 막과 막 사이에 끼워 넣는 해학촌극이나 풍자극을 말한다. 막 뒤쪽에서 다음 장면을 위한 무대를 재정비하는 시간을 메우기 위한 극이다.

08

괴물 여우를 없애줄 자 누구인가

간을 뜯어 먹히고 창자를 뜯기는 용

【진성여대왕과 거타지】 제51대 진성여왕이 즉위(887년)한 뒤 몇 해가 지나자, 유모인 부호부인과 그의 남편 잡간 위홍* 등 서너 명의 총애를 받는 신하들이 권력을 멋대로 휘두르고 정치를 뒤흔들어 도적들이 벌떼처럼 일어났다.

(중략)

왕의 막내아들인 아찬 양패는 당나라에 사신으로 가게 되었는데, 백제의 해적이 진도에서 막고 있다는 소식을 듣고는 활 잘 쏘는 병사 50명을 뽑아 따르게 했다.

* 《삼대목》을 편찬했다. 《삼대목》은 왕명에 따라 향가를 수집하여 엮은 한국 최초의 노래집이지만, 지금은 전하지 않아 정확한 것은 알 수가 없다. '삼대' 신라의 상대上代·중대中代·하대下代를 가리키는 것으로 본다.

배가 곡도(일연 주: 지방에선 '골대도'라 한다)에 닿자, 바람과 파도가 크게 일어 거기서 열흘이나 묵었다. 공公이 걱정이 되어 사람을 시켜 점을 치게 했다.

'섬에 신령한 못이 있으니 거기에 제사를 지내야 한다'는 점괘가 나왔다.

그래서 못에 제물을 차렸는데, 못의 물이 한 길 넘게 솟구쳤다. 그날 밤 꿈에 한 노인이 나타나 공에게 말했다.

"활 잘 쏘는 사람 한 명을 여기에 남겨 두면 순풍을 탈 것입니다."

공은 깨어나 그 꿈을 주위 사람들에게 알리고 물었다.

"누구를 남기면 되겠소?"

사람들이 말했다.

"나무 조각 쉰 개를 만들어 우리들 이름을 써서 바다에 던진 뒤 가라앉는 나무 조각 주인이 남는 게 좋겠습니다."

공이 그렇게 따랐는데, 군사 가운데 거타지란 사람의 이름이 물속으로 가라앉아 그를 남게 했다. 그러자 순풍이 갑자기 불어 배가 막힘없이 나갔다. 거타지가 수심에 잠겨 섬에 서 있는데 갑자기 노인이 못에서 나와 말했다.

"나는 서해의 신 약若이오. 날마다 사미승* 한 명이 해 뜰 때 하

* 출가를 하면 6개월~1년 동안 행자行者 생활을 하며 승려가 될 자질을 높이고 결심을 굳힌 뒤, 은사 스님을 정하고 사미계를 받아 스물이 될 때까지 사미로 산다. 만 20세에 구족계具足戒를 받고 비구가 된다.

늘에서 내려와 주문을 외면서 이 못을 세 번 돌면, 우리 부부와 자손들이 모두 물 위로 떠오르지요. 그러면 그는 우리 자손의 간과 창자를 빼 먹는다오. 이제 우리 부부와 딸 하나만 남았소. 내일 아침이면 그가 또 올 테니 그대가 꼭 쏘아주시오."

뭉술　"권력을 멋대로 휘두르고 정치를 뒤흔들어 도적들이 벌떼처럼 일어났다." 이 한 문장으로 그때 신라가 어땠는지 팍팍 들어온다. 혜공왕 이후 맨날 이랬다는 거지?

그 구절도 구절이지만, '간을 뜯어 먹히고 창자를 뜯기는 용'이란 말이 나한텐 훨씬 의미심장하게 들린다.

범식　이 이야기 바로 앞에 〈처용가〉가 실려 있는데, 처용은 동해 용의 자식이야. 처용이 임금을 도우러 동해를 벗어나 서라벌로 왔다가, 일할 수 있는 직책은 터무니없이 낮고, 아내조차 빼앗기자 춤추며 견뎌내는 노래지.

뭉술　동해 용이건, 서해 용이건 용은 죄다 지렁이가 되었다는 소리네.

캐순　서해 용은 더 비참하지. 간을 뜯어 먹히고 창자를 뜯겨서, 이제는 견뎌낼 목숨조차 없으니까. 정말 충격적인 것은 중이, 그것도 새파란 사미승이 남의 간과 창자를 뜯어 먹는다는 거야. 새파란 사미승이 이 정도인데, 나이께나 먹은 승

내 연못이야!
내 나라야!!
내 것이라구!
뭐래~
넌 이미
끝장이거든?

려들의 행태는 도대체 얼마나 지독했겠어?

뭉술 표훈이 뿌린 씨가 이런 지경에까지 이르렀구나.

범식 실수로 곤충 같은 작은 동물을 죽여도 가슴 아파해야 할 승려가 사람의 간을 게걸스럽게 먹고 있다면, 끝장난 세상이지.

뭉술 엽기다, 엽기! 새파란 사미승이 팔딱팔딱 뛰는 사람의 간을 먹고 있는 그림.

캐순 엽기지. 그런데 이런 승려의 그림을 보여주고 있는 일연 스님, 참 대단하고 존경스럽지 않니?

범식 같은 승려 입장에서 쉽지 않았을 텐데, 냉철한 이성이다.

뭉술 스님은 신라 멸망의 큰 원인이 승려의 타락과 권력욕에 있다고 말하고 싶으신 거겠지?

캐순 그렇지. 그런데 범식아, 이때 신라는 도대체 어떤 세상이었어?

뭉술 신령한 못에 사는 용이 늙은 여우에게 잡아먹히는 세상.

캐순 물리적으로 도대체 신라에 무슨 일이 일어났기에, 일연 스님의 붓이 이렇게 비참하게 표현하고 있지?

범식 진성여왕이 887년에 즉위했는데, 889년에 견훤과 양길이 반기를 들고 일어났고, 같은 해 농민들이 봉기를 일으키기도 했지. 892년에 견훤이 왕이 되었고, 고작 3년 뒤인 895

넌엔 궁예가 왕을 칭했어.

물술 나라가 갈가리 찢기고 찢겨, 찢은 것을 꿰매고, 꿰맨 것을 또 찢고 하던 시대였구나. 후삼국시대였어.

늙은 용의 부탁을 받은 거타지도 걱정이 된다. 그가 어떻게 했는지, 그 뒷이야기를 마저 듣자.

명궁 거타지의 짝은 다시 나타난 수로부인

거타지가 말했다.

"활 쏘는 일이야 내 장기이니 말씀대로 하겠습니다."

노인은 고마워하고는 물속으로 사라졌다.

거타지가 숨어 엎드려 기다렸다. 이튿날 동쪽이 밝아 오자 과연 사미승 한 명이 나타나 전처럼 주문을 외며 늙은 용의 간을 빼먹으려 했다. 이때 거타지가 활을 쏘아 맞히니, 그 사미승은 즉시 늙은 여우로 변해서 땅에 쓰러져 죽었다. 그러자 노인이 나와 고마워하며 말했다.

"공의 덕택으로 내 목숨을 지킬 수 있었으니 내 딸을 그대의 아내로 맞아주시오."

거타지가 말했다.

"따님을 주신 은혜 저버리지 않겠습니다. 진실로 제가 바라는 바입니다."

노인은 딸을 한 송이 꽃으로 바꾸어 거타지의 품속에 넣어주곤, 두 용에게 거타지를 받들고 사신의 배를 따라 잡아, 그 배를 호위하고 당나라로 들어가도록 했다.

당나라 사람들은 용 두 마리가 신라의 배를 등에 지고 들어오는 것을 보자 그 사실을 위에 알렸다.

황제가 말했다.

"신라 사신은 틀림없이 보통 사람이 아닐 것이다."

그래서 당나라 신하들의 윗자리에 앉히고 잔치를 베풀어 금과 비단을 푸짐하게 주었다. 신라로 돌아온 뒤, 거타지가 품에서 꽃을 꺼냈다. 꽃이 여인으로 바뀌었다. 여인은 그와 함께 살았다.

뭉술 거타지라는 사람 대단하다. 나라가 갈가리 찢겨 서로가 서로를 물어뜯는 상황인데도, 용조차 단숨에 잡아먹는 괴력을 지닌 자를 두려워하지 않고 맞서다니. 둔갑술까지 부리는 괴물 여우인데!

캐순 가족을 다 잃은 사람(용)을 보자 안타까운 마음이 생겨, 차마 그냥 보고 있을 수 없었던 거지.

뭉술 실력도 있었어.

범식 불행한 사람을 보고 안타까워하는 마음과 그 불행을 없애줄 수 있는 실력은 어느 시대에나 필요하겠지만, 특히 새

시대를 열 사람이 갖추어야 할 덕성이라고 생각해.

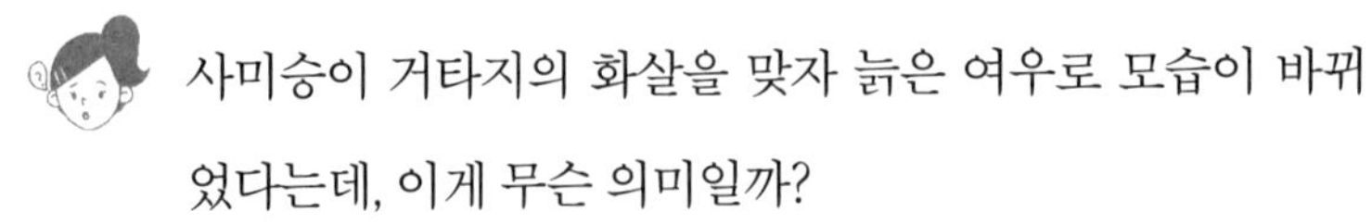

사미승이 거타지의 화살을 맞자 늙은 여우로 모습이 바뀌었다는데, 이게 무슨 의미일까?

범식 '당시의 승려는 더 이상 승려가 아니라 늙은 여우라는 사실을 깨달아야 한다.' 이런 뜻일 거라고 생각해.

뭉술 겉으로 보이는 것에 속지 말고 속을 들여다보라는 거네.

캐순 파릇파릇한 성직자가 오래 묵은 여우인 세상, 그런 세상에 희망은 어디에 있지?

뭉술 거타지가 있잖아.

캐순 거타지는 어떤 인물을 의미하는 걸까?

범식 귀할 거라고는 하나 없고 이름 석 자 겨우 가진 사람. 하지만 스님이건 누구건 간에, 사람 잡아먹는 자들은 이미 인간이 아니란 걸 알고, 화살로 쏴버리는 사람.

뭉술 신라 말 민중들이 간절히 바랐던 구세주. 그 순간 찾아든 미륵불의 화신.

캐순 그때, 누가 그 사람이었을까?

야옹샘 고려를 개창했거나 환영했던 사람들은 거타지를 우리가 아는 사람으로 특정했어요.

뭉술 고려를 개창한 사람들이라면, 설마 왕건을?

야옹샘 맞힌 거나 다름없네요. 왕건의 할아버지 작제건이라고 믿었어요. 작제건 설화가 거타지 설화와 판박이이거든요. 작제건이 태어나는 이야기는 놔두고, 장성한 뒤 이야기만 해 드릴게요.

작제건이 장성한 다음 아버지를 찾아 신물信物인 신궁神弓을 가지고 낭나라 상선을 탔다. 해상에서 풍랑을 만나 점을 치니 고려인을 섬에 내려놓으라 하였다. 한 노인이 나타나 자신은 서해 용왕인데 늙은 여우가 나타나 경을 외우면 두통을 일으키니 쏘아 달라는 것이었다. 약속한 대로 늙은 여우를 쏘아 죽이니 용왕은 용궁으로 초청하였고, 용녀를 아내로 삼아 칠보와 양장楊杖 및 돼지를 얻어 돌아왔다.*

 정말 거의 똑같다.

캐순 그런데 왜 거타지가 바로 왕건이라고 여기지 않았을까?

범식 거타지 만으로는 새 나라, 새 시대를 열기엔 부족하다고 여겨서 그랬겠지.

뭉술 용궁의 여인, 꽃이 된 여인이 꼭 있어야 한다고 생각했다는 거지?

* [네이버 지식백과] 〈작제건 설화作帝建設話〉, 《국어국문학자료사전》 (한국사전연구사, 1998).

캐순 가만! 용궁의 여인이자 꽃이 된 여인이라면 수로부인이잖아! 노인이 천 길 절벽 위에 핀 꽃을 꺾어와 수로부인에게 바쳤고, 부인이 용궁에 다녀온 뒤엔 부인의 옷에서 그때껏 세상에 알려지지 않은 향내가 났다고 했지.

뭉술 꽃을 품고, 용궁에 다녀온 뒤 수로부인은 세상에 다시없는 미인 소리를 듣기는 했어. 그렇다고 수로부인을 용의 딸이자 거타지의 짝이라고 할 순 없어. 두 사람은 일치하지 않아.

범식 물리적인 의미에서 그 사람이라는 게 아니라, 문학적인 의미에서 그렇다는 거지. 조금 더 논리적으로 말해야 한다면, 두 사람은 '같은 음악의 다른 연주'라고 할 수 있겠지. 옛이야기에 늘 나타나는 '형태 반복과 그것의 변주'라고도 할 수 있고.

'거타지의 짝은 다시 나타난 수로부인이었다'는 소리, 멋있다~

범식 어쨌거나, 그 시대 사람들은 '활을 든 사내'와 '꽃이 된 여인'이 나타나길 기다렸다고는 말할 수 있겠지.

뭉술 이렇게 《삼국유사》의 이야기가 만들어졌겠지. '같은 음악의 다른 연주', 옛이야기에 늘 나타나는 '형태 반복과 그것의 변주'…….

I will be back !

《삼국유사》 원문

【첫머리글】 무릇 옛 성인들은 예악으로 나라를 일으키고, 인의로 가르침을 베풀었다. 그러므로 상상을 초월하는 괴상함과 괴력, 인륜을 어지럽히는 패란悖亂과 귀신에 관한 일은 말하지 않았다. 그러나 제왕帝王이 일어나려면 하늘의 명[符命]에 응膺해서, 그 뜻이 새겨진 것[圖]을 받아들여, 여느 사람과 다른 구석이 있어야만 한다. 그런 뒤에야, 시대의 큰 변화[大變]를 타고, 천하의 큰 그릇[大器]을 움켜잡아, 하늘 아래 큰 일[大業]을 이룰 수 있다. 그래서 황하에서 그림이 나오고 낙수에서 글이 나오고서, 성인이 나타났던 것이다.

무지개가 신모의 몸을 휘감자 복희를 낳았고, 용이 여등과 관계하여 염제를 낳았고, 황아가 궁상의 들판에서 놀다가 자칭 백제의 아들인 신동과 관계하여 소호를 낳았고, 간적은 알을 삼켜 설을 낳았고, 강원은 거인의 발자국을 밟고서 기를 낳았고, 임신한 지 열네 달 만에 요임금을 낳았고, 용이 큰 못에서 교합하여 패공[한나라 고조 유방]을 낳았다. 그 뒤에 일어난 이 같은 일들을 어떻게, 다 기록할 수 있겠는가?

이런데도, 삼국의 시조들이 모두 신비스럽고 기이하게 태어난 일을 두고 괴이하다고 할 수 있겠는가? 이것이 〈기이〉 편을 모든 편 앞에 차례 잡은 까닭이다. 그 뜻이 바로 여기에 있다.

1

【고조선 (왕검조선)】《위서》에 쓰여 있다.

"2,000년 전에 단군왕검이 있었는데, 아사달(일연 주: 《경經》에 무엽산無葉山이라 하고 백악白岳이라고도 하는데, 백주白州 땅에 있다. 혹은 개성開城 동쪽에 있다 했으니, 지금의 백악궁白岳宮이다)에 도읍하고 나라를 세워 조선朝鮮이라고 하였으니, 중국의 요 임금과 같은 시기다."

《고기古記》에는 이렇게 말했다.

"옛날 환인의 서자(둘째 이하를 서자라 했다) 환웅이 자주 천하에 뜻을 두고 인간 세상을 탐색하며 알맞은 곳을 찾고 있었다. 아버지가 아들의 뜻을 알고는, 세 봉우리가 있는[三危] 태백太伯을 내려다보니 홍익인간弘益人間, 즉 널리 복을 끼치는 인간[세상]을 이루어낼 만한 곳이었다. 이에 환웅에게 하늘의 신표인 천부인天符印 세 개를 주어 보내며, [옥돌을 옥돌 안에 있는 결을 따라서 다듬어 옥의 아름다움이 드러나게 하듯] 그들을 다듬게 했다.

환웅이 3,000명을 거느리고 태백산(일연 주: 태백은 지금의 묘향산이다)

꼭대기 신단수 아래로 내려왔다. 그곳을 신들의 도시[神市]라 하고, 이 분을 환웅천왕이라 했다.

환웅천왕은 바람신인 풍백, 비신인 우사, 구름신인 운사를 거느리고 곡식, 생명, 질병, 형벌, 선악 등 인간 세상의 360여 가지 일을 주관해, 재세이화在世理化했다.

이때 곰 한 마리와 호랑이 한 마리가 같은 굴속에 살고 있었는데, 신神 환웅에게 늘 기원했다.

"고구정녕 바라오니, 바뀌어 사람 되게 해주십시오."

이에 신이 신령한 쑥 한 줌과 마늘 스무 개를 주면서 말했다.

"너희가 이것을 먹되, 햇빛을 백 일 동안 보지 않으면 문득 사람의 형상을 얻으리라."

곰과 호랑이는 받아 쑥과 마늘을 먹었다. 금기(몸과 맘을 깨끗케 하기 위해 특정한 것을 꺼리고 가리는 행위)한 지 삼칠일에 곰은 여자의 몸이 되었지만, 호랑이는 금기를 지키지 못했기에 사람의 몸이 되지 못했다.

웅녀는 혼인할 짝이 없어 매일 신단수 아래에서 빌었다.

"고구정녕 바라오니, 아이를 갖게 해주십시오."

환웅이 잠시 사람으로 변해 웅녀와 혼인하였다. 태기가 있어 아들을 낳으니 단군왕검이라 하였다.

단군왕검은 중국 요 임금이 즉위한 지 50년이 되는 경인년(일연 주: 요가 즉위한 원년이 무진년이니, 50년은 경인년이 아니라 정사년이므로, 사실이 아닌 듯하다)에 평양성(일연 주: 지금의 서경西京이다)에 도읍하고 비로소 조선朝鮮이라 했다.

다시 도읍을 백악산 아사달로 옮겼는데, 그곳을 궁홀산(일연 주: 방方홀산이라고도 한다) 또는 금슥미달이라고도 했다. 그는 1,500년 동안 나라를 다스렸다.

주나라 무왕이 즉위하던 기묘년(기원전 1122년)에 기자箕子를 조선에 봉하니, 단군은 장당경으로 옮겼다. 뒤에 아사달로 돌아와 은거하면서 산신이 되었는데 1,908년을 살았다."

당나라《배구전》에는 쓰여 있다.

"고구려는 본래 고죽국(일연 주: 지금의 해주海州다)으로, 주周나라가 기자를 봉해 조선이라 했다. 한漢나라가 [이곳을] 나누어 세 군을 두었는데 현도, 낙랑, 대방(일연 주: 북대방이다)이다."

《통전通典》에도 역시 이와 같다(일연 주:《한서漢書》에는 진번, 임둔, 낙랑, 현도의 네 군으로 되어 있는데, 여기서는 세 군으로 되어 있고 그 이름도 같지 않으니 왜 그런가?).

2

【거문고 갑을 쏘아라】 제21대 비처왕(일연 주: 소지왕이라고도 한다) 즉위 10년 무진년(488년)에 하늘샘 정자[天泉亭]로 행차하는데, 까마귀와 쥐가 나타나 울어댔다. 그러다가 쥐가 사람 말을 했다.

"이 까마귀가 가는 곳을 찾아가 보시오."(일연 주: 혹은 신덕왕이 흥륜사에서 향을 피우려는데, 길에서 여러 마리 쥐가 서로 꼬리를 물고 가는 것을 보고는 괴상해서 돌아와 점을 치니, 내일 맨 먼저 우는 까마귀를 찾아가라고 했다는데, 이 견해는 틀렸다.)

왕은 말을 탄 병사에게 뒤따르게 했다. 남쪽 피촌避村(일연 주: 경주의 남산 동쪽 기슭)에 이르렀는데, 돼지 두 마리가 싸우고 있었다. 병사는 멈춰 서서 그것을 구경하다가, 까마귀가 간 곳을 놓치고 말았다. 길을 잃고 헤매는데, 그때 연못 속에서 한 노인이 나와 편지를 바쳤다. 겉봉에 씌어 있었다.

"뜯어보면 두 명이 죽고, 뜯어보지 않으면 한 명이 죽는다."

왕이 뒤쫓게 했던 병사가 돌아와서 편지를 바쳤다. 왕이 말했다.

"두 명이 죽는 것보다는 뜯어보지 않아 한 명이 죽는 것이 낫겠지."

천지의 변화를 살펴 길흉을 판단하던 일관日官이 아뢨다.

"두 사람은 일반 백성이요, 한 사람은 왕입니다."

왕은 옳게 여겨 편지를 뜯었다. 거기엔 다음처럼 씌어 있었다.

"거문고 갑을 쏘아라."

궁궐에 도착한 비처왕은 거문고를 담아둔 거문고 갑을 향해 활을 쏘았다. 내전內殿에서 분향 수도하는 승려와 궁주宮主가 그 안에서 몰래 간통하고 있었다. 그 둘을 죽였다.

이로부터 나라 풍속에 정월 첫 돼지날, 첫 쥐날, 첫 말날에는 모든 일에 조심하고 꺼려 함부로 출입하지 않았다. 그리고 정월 보름날을 까마귀의 기일忌日로 삼아 찰밥을 지어 제사를 지낸 것이 지금까지도 행해지고 있다. 이것을 '달도'라고 하는데, 슬프고 걱정스러워 온갖 일을 조심하고 금한다는 뜻이다. 또한 명을 내려 그 연못을 '서출지'라 했다.

3

【지철로왕(지증왕)】 제22대 지철로왕의 성은 김씨, 이름은 지대로 또는 지도로이다. 시호는 지증인데, 시호를 이때 처음 썼고, 우리말로 왕을 마립간이라 한 것도 이 왕 때부터이다. 왕은 영원 2년 경진년(500년)에 즉위했다(일연 주: 혹은 신사년이라고 하니, 그러면 영원 3년이 된다).

왕은 음경의 길이가 한 자 다섯 치여서 맞는 짝을 찾기가 어려웠다. 관리를 삼도에 보내 짝을 찾게 했다. 사신이 모량부牟梁部 동로수冬老樹 아래에 이르렀을 때, 두 마리의 개가 북만큼 큰 똥덩어리의 양쪽 끝을 물고 으르렁거리고 있는 것을 보았다. 마을 사람들에게 묻자, 한 소녀가 대답했다.

"이 고을(모량부) 상공相公의 딸이 여기서 빨래를 하다 숲속에 숨어서 눈 것입니다."

그 집을 물어가 상공 딸을 살펴보니 키가 일곱 자 다섯 치나 되었다. 왕에게 이 사실을 자세히 보고했다. 왕이 수레를 보내 그녀를 궁궐로 맞아들여 황후로 책봉하자, 신하들이 모두 축하했다.

한편, 아슬라주(일연 주: 지금의 명주[강릉]이다)의 동쪽 바다 가운데에 순풍을 타면 이틀거리에 우릉도가(지금은 于를 羽로 쓴다) 있는데, 둘레가 2만 6,730걸음이다. 섬 오랑캐들이 물이 깊은 것을 믿고 건방지게 신라의 지배를 받으려 하지 않자, 왕이 이찬[제2관등] 박이종에게 병사를 거느리고 가 그들을 치게 했다. 박이종이 나무로 사자를 깎아 큰 배 위에 싣고 그들을 위협하며, '항복하지 않으면 이 짐승을 풀어놓겠다'고 말하자, 그들이 두려워 항복했다. 왕이 박이종에게 상을 내리고 아슬라주의 우두머리로 삼았다.

4

【〈원종(법흥왕의 이름)이 부처님의 법을 일으키고(일연 주: 눌지왕 대로부터 100년 남짓 뒤이다), 염촉(이차돈을 이두나 향찰식으로 표기한 이름)이 몸을 바치다〉】《삼국사기》〈신라본기〉에 다음처럼 기록되어 있다. "법흥대왕이 왕위에 오른 지 14년에 하급 관료인 이차돈이 부처님의 법을 위해 몸을 바쳤다." 이 해는 중국 양梁나라 보통 8년 정미년(527년)이며, 인도의 달마대사가 중국 금릉으로 온 때이다. 이 해에 낭지법사도 영취산에 머물며 첫 법문을 열었다. 큰 가르침의 흥성과 쇠퇴가, 반드시 중국과 신라에서 서로 감응해 동시에 이루어졌다는 것을 이 점에서 알 수 있다.

원화(당나라 헌종의 연호로 806~820년에 사용했다) 시기에, 남간사의 일연 스님이 〈촉향분 예불 결사문〉을 지어, 이 일을 상세하게 알렸다. 그 대강을 옮기면 다음과 같다.

법흥왕이 자극전紫極殿에서 왕위에 오르면서 해 뜨는 곳인 부상扶桑을 보며 말했다.

"옛날에 한漢나라 명제가 꿈에 감동하여 부처님의 법이 동쪽으로 흘러들어왔다. 왕의 자리에 오른 이때부터, 과인이 원하는 바는 백성을 위해 수복멸죄지처修福滅罪之處(복의 길은 닦고 죄의 길은 없앨 곳)를 짓는 것이다."

그러나 조정의 신하들(일연 주: 향전鄕傳은 공목, 알공 등을 지목했다)은 그 깊은 뜻을 미처 헤아리지 못하고 오직 나라를 다스리는 큰 뜻만 존중할 뿐, 절을 짓겠다는 신령스런 생각은 따르지 않았다.

대왕은 깊이 한숨을 쉬며 혼잣말을 했다.

"아, 덕이 부족한 내가 왕업을 이어받아, 위로는 음양의 조화가 어그러졌고 아래로는 백성들의 기쁨이 사라졌구나. '이 일을 어찌해야 할까' 하는 마음으로 정사를 돌보고 틈이 날 때마다 부처님의 가르침[釋風]에 마음을 두었건만, 누가 있어 함께 이 일을 할 수 있단 말인가!"

이때 '두터이 내면을 기른 사람[粵有內養者]'이 있었다. 성은 박이고 이름은 염촉이다(일연 주: 혹은 이차라 하고 혹은 이처라 했는데, 이는 방언의 음이 다르기 때문이다. 그 뜻이 염이다. 촉, 돈, 도, 도, 독 등은 모두 기록하는 사람의 편의대로 쓴 것이다. 지금 앞의 두 글자, 즉 '이차'는 뜻을 살리고 뒷 글자 즉, '촉'은 번역하지 않아서 염촉 또는 염도 등으로 불렀다). 그의 아버지는 알 수 없다. 할아버지는 아진 종이니 갈문왕 습보의 아들이다(일연 주: 신라의 관작은 모두 17등급이다. 네 번째를 파진찬 또는 아진찬이라고 한다. 종은 그의 이름이고, 습보도 이름이다. 죽은 뒤에 왕으로 봉해진 사람을 신라에서는 모두 갈문왕이라고 불렀다. 그렇게 부른 까닭을 역사기록을 맡은 관료들도 모른다고 했다. 김용행이 지은 〈아도비〉를 보면, 사인(이차돈)은 그때 나이가 서른여섯이었고, 아버지는 길승, 조부는 공한, 증조부는 걸해대왕이라 나와 있다). 그는 대나무와 소나무 같은 굳셈을 자질로 삼고, 물과 거울 같은 맑음에 뜻을 두었다. 적선한(선을 쌓은) 사람의 증손이었다. 그는 임금을 지키는 사람이 되기를 바랐고, 거룩한 조정의 충신이 되어 태평성세를 만들 것을 희망했다. 그때 나이 스물두 살로 사인(일연 주: 신라의 관작에 대사, 소사 등이 있었는데 대체로 하급 관리에 속했다)의 자리에 있었다.

이차돈이 임금의 얼굴을 보고는 속내를 알아차려 말했다.

"신이 들으니, 옛 사람은 꼴을 베고 땔나무나 하는 사람에게도 계책을 물었다고 합니다. 큰 죄를 무릅쓰고 제 생각을 아뢰겠습니다."

"이것은 그대가 할 바가 아니오."

"나라를 위해 몸을 던지는 것은 신하의 큰 절개이고, 임금을 위해 목숨을 바치는 것은 백성이 해야 할 도리입니다. 거짓된 말을 전했다는 죄명으로 신의 목을 베시면, 만백성이 복종하고 감히 가르침을 어기지 못할 것입니다."

"부처님의 가르침은, 매를 피해 품속에 날아든 메추라기를 가엽게 여겨 메추라기 대신 그 만큼의 제 살을 매에게 떼어주고서, 메추라기와 매 둘 다를 살리는 것이오. 또한 제 한 목숨을 일곱 마리 짐승에게 넘겨주어 그들을 살리는 것이오. 짐의 뜻은 사람을 이롭게 하려는 것인데, 어떻게 죄 없는 사람을 죽일 수 있겠소?"

"버리기 어려운 게 목숨이라는 것, 잘 알고 있습니다. 하지만 저녁에 제가 죽어 아침에 큰 가르침이 행해진다면, 부처님의 해[佛日]가 다시 중천에 떠올라, 거룩한 주군[聖主]께서 길이 평안하게 될 것입니다."

"봉황의 새끼는 어려서부터 하늘 높은 곳에 뜻을 두고, 기러기와 고니 새끼는 나면서부터 물결을 헤칠 기세를 품는다더니, 그대가 딱 그와 같구려. 대사大士의 행위라 이를 수 있을 것이오."

대왕이 위의를 갖추고 무시무시하고 서슬이 퍼런 형틀을 갖추어 두고는 신하들을 불러들여 물었다.

"경들은 내가 정사精舍를 지으려고 하는데 일부러 머뭇거리며 어렵다고 하는가?"(일연 주: 다음처럼 전하는 또 다른 이야기가 있다. "이차돈이 왕명이라 하며, 절[寺]을 지으려는 뜻을 아래에 전했더니, 여러 신하들이 와서 왕에게 안 된다며 간쟁했다. 왕이 노하여 이차돈이 왕명을 거짓으로 전달했다는 죄로 형벌을 내렸다"고 했다.)

이에 신하들이 벌벌 떨며 황망히 그렇지 않다고 맹세하며 손으로 동서쪽을 가리켰다. 왕이 사인舍人(이차돈의 관직)을 불러 힐책하자, 사인은 얼굴빛이 변하면서 아무런 대꾸도 하지 못했다.

대왕이 분노하며 이차돈의 목을 베게 했다. 관리가 그를 결박해서 관아로 데려갔다. 사인(이차돈)이 맹세한 뒤, 사형을 집행하는 관리가 목을 베었다. 흰 빛깔의 젖이 한 길이나 솟아올랐다(일연 주: 다음처럼 전하는 또 다른 이야기가 있다. "사인이 맹서했다. '큰 성인이신 법왕께서 불교를 일으키려고, 목숨을 돌아보지 않고 속세에서 맺은 인연을 버리셨으니, 하늘이시여 부디 상서로운 조짐을 사람들에게 두루 보여주십시오.' 이에 그 머리가 날아가 금강산 꼭대기에 떨어졌다"고 한다). 하늘은 어두워지고, 땅은 진동하고, 하늘에선 꽃비가 떨어졌다.

이에 임금이 슬퍼하며 흘린 눈물이 곤룡포를 적셨다. 재상들은 근심과 상심으로 진땀이 머리에 쓴 관 사이로 흘러내렸다. 연못의 샘이 갑자기 말라 물고기와 자라가 다투어 튀어 오르고, 곧게 서있던 나무가 부러지니 원숭이들이 떼 지어 울었다. 동쪽 궁궐에서 함께 벼슬살이를 했던 동료들은 피눈물을 흘리면서 바라볼 뿐이었고, 대궐 뜰에서 소매를 잡고 교분을 나누었던 벗들은 애끓는 마음으로 널(관)을 바라보며 부모를 잃은 듯 애절하게 울었다. 그들 모두가 말했다. "개자추가 허벅지 살을 벤 것도 이차돈의 외로운 절개에는 비할 수 없고, 홍연이 배를 갈랐던 일도 그의 장렬함에는 견줄 수 없도다. 이는 임금의 신심을 붙들어 아도의 본심을 이룬 것이니 거룩한 사람이다"라 하였다. 북산 서쪽 고개에 장사 지냈다(일연 주: 바로 금강산이다. 전해오는 말로는 '머리가 날아가 떨어진 곳에 장사지냈다'고 했는데, 여기서 그 사실을 왜 말하지 않았을까?). 사람들이 이를 슬퍼하여 좋은 곳을 가려서 절을 짓고는 '자추사'라 했다. (중략)

놀라워라, 올바름 좇아 목숨 가벼우니
하늘 꽃 흩날리고 흰 젖 솟구쳐 감회를 더하네.
갑자기 칼 내리쳐 목숨 사라진 뒤
은은한 종소리 황제가 사는 서라벌 뒤흔드네.

거룩한 지혜 예부터 만세萬世를 도모했네
구구한 소리들 추호도 따질 일 없어라.
부처바퀴[法輪] 풀려 삿된 것 물러나니, 거룩한 임금바퀴[金輪] 구르네
요·순堯舜 해(日) 막 오른다, 부처 해 중천에 떴어라.

5

【만파식적】 제31대 신문대왕의 이름은 정명, 성은 김씨이다. 개요 원년 신사년(681년) 7월 7일에 즉위했다. 부왕인 문무대왕을 위해 동해 가에 감은사를 세웠다.

이듬 해 임오년(682년) 5월 초하루 날 바다를 살피는 관리 파진찬(제4 관등) 박숙청이 알려왔다.

"동해 가운데 있던 작은 산이 떠 내려와 감은사 쪽을 향하는데 파도를

따라 왔다 갔다 하고 있습니다."

이상하다 싶어, 왕은 천문을 맡은 관리인 김춘질(춘일이라고도 한다)에게 점을 치게 했다.

"돌아가신 임금께서 지금 바다의 용이 되어 삼한을 지키고, 33천天의 한 아들인 김유신 공은 지금 내려와 큰 신하가 되었습니다. 두 성인께서 덕을 같이하여 나라를 지키는 보배를 내리려 하십니다. 폐하께서 바닷가로 행차하시면 값을 칠 수 없는 큰 보배를 얻을 것입니다."

왕은 기뻐하며 그달 초이레에 이견대로 갔다. 그 산을 바라본 뒤, 사신을 보내 알아보게 했다.

"산의 형세는 귀두龜頭(남자의 성기 모양)였고, 그 위에 대나무 한 그루가 있었습니다. 낮엔 둘로 되었다가 밤엔 합쳐져 하나가 되었습니다."

바다로 나가 산을 살피고 돌아온 사신의 말을 듣고, 신문왕은 감은사로 가 하룻밤을 묵었다. 다음 날 한 낮에 대나무가 합쳐져 하나가 되었다. 천지는 진동하고 비바람은 몰아쳐 이레 동안이나 깜깜했다.

그달 보름을 지나 열엿새 날에 이르러서야 바람이 잦아들고 물결이 잔잔해졌다. 왕이 배를 띄워 그 산에 들어가니 용이 검은 옥대를 가져와 바쳤다. 왕은 용을 영접하여 함께 앉았다. 왕이 물었다.

"이 산과 대나무가 어떤 때는 갈라지고 또 어떤 때는 맞붙고 한다는데 무슨 까닭인가요?"

용이 대답했다.

"한 손으로 치면 소리가 나지 않지만, 두 손으로 치면 소리가 나는 것에 빗댈 수 있습니다. 대나무도 마주 합친 뒤에야 소리를 냅니다. 거룩한 임금이 소리로써 천하를 이화할 것이라는 상서로운 알림입니다. 이 대나무를 가져다가 피리를 만들어 불면 천하가 평화롭게 될 것입니다. 이제 선왕이신 문무왕께선 바다의 큰 용이 되셨고, 김유신은 다시 천신이 되셨습니다. 두 성인께서 마음을 한 가지로 하여, 값을 매길 수 없는 이런 큰 보배를 내어 저에게 바치도록 한 것입니다."

왕은 화들짝 놀랐다. 왕은 기뻐서 오색 비단과 금옥으로 답례를 했다. 사람을 시켜 대를 베어 가지고 바다에서 나오는데, 산과 용이 갑자기 사라져 보이지 않았다. 왕은 그날 감은사에서 묵고, 17일에 기림사 서쪽 시냇가에서 수레를 멈추고 점심을 먹었다. 태자 이공(나중에 효소왕이 됨)이 대궐을 지키다가 이 소식을 듣고는 말을 달려와 축하했다. 태자는 찬찬히 살펴보고 왕에게 아뢨다.

"이 옥대에 달린 장식들 모두 진짜 용입니다."

"네가 그것을 어떻게 아느냐?"

"옥대의 장식 하나를 떼어, 물에 넣어서 보여드리지요."

태자는 옥대의 왼쪽 두 번째 장식을 떼어 시냇물에 담갔다. 그러자 그것은 곧바로 용이 되어 하늘로 올라갔고 그 땅에는 못이 생겼다. 그래서 용연이라 했다.

행차에서 돌아온 왕은 그 대나무로 피리를 만들어 월성에 있는, 천존고('하늘 뜻은 높다'는 뜻의 창고)에 보관케 했다. 이 피리를 불면 적군이 물러가고, 병이 나았으며, 가뭄에는 비가 내리고 장마엔 비가 그쳐, 바람은 잦아들고 파도는 잠잠해졌다. 그래서 만파식적萬波息笛('온갖 걱정을 더는 피리'라는 뜻)이라 부르고, 국보로 삼았다.

효소대왕 때인 천수 4년 계사년(693년)에 부례랑(국선)이 살아 돌아온 신이한 일이 있었기에, 다시 이름을 고쳐 만만파파식적이라 했다. 자세한 것은 부례랑의 전기에 있다.

【성덕왕】 제33대 성덕왕 신룡 2년 병오년(706년)에 흉년이 들어, 이 몹시 굶주렸다. 나라에서는 백성을 구제하고자 정미년(707년) 정월 초하루부터 7월 30일까지 벼를 나누어 주었는데, 한 사람당 하루 석 되를 기준으로 했다. 일을 마치고 합계를 내 보니 30만 500석이었다. 왕이 태종대왕을 위해 봉덕사를 세우고, 이레 동안 인왕도량을 베풀었으며, 대사면을 했고, 처음으로 시중이란 관직을 두었다(일연 주: 어떤 책에는 효성왕 때라고 했다).

6

【수로부인】 성덕왕 때, 순정공이 강릉(지금의 명주이다) 태수로 부임해 가다가 바닷가에서 밥상을 차렸다. 조금 떨어진 곳에 바위가 병풍처럼 둘러쳐진 곳이 있었는데, 천 길 높이였다. 그 꼭대기에 철쭉꽃이 활짝 피어 있었다. 순정공의 부인 수로가 그것을 보았다. 옆 사람들에게 말했다.

"저 꽃을 꺾어 바칠 사람, 그 누군가?"

따르던 사람이 말했다.

"사람의 발자취가 닿을 곳이 아닙니다."

불가능하다며 다들 몸을 사렸다. 약간 떨어진 곳에서, 암소를 이끌고 지나가던 노옹이 수로부인의 말을 듣고, 그 꽃을 꺾어 와, 노래를 지어 읊조리며 꽃을 바쳤다. 그는 사람에게 무엇이 허용되는지를 알지 못했다.

다시 길을 갔다. 이틀째에 임해정에서 밥상을 차렸다. 바다에 사는 용이 갑자기 부인을 잡아 바다 속으로 들어갔다. (순정공은) 엎어지고 자빠지며 발을 굴렀으나 뾰족한 수가 없었다.

또 한 노인이 나타나 말했다.

"옛 사람들이 말하기를 '뭇 사람의 입은 무쇠도 녹인다'라고 했습니다. 지금 바다 속 용인들, 어찌 뭇 사람의 말을 두려워하지 않을 수 있겠습니까? 고을 안의 백성들에게 노래를 지어 부르면서 막대기로 언덕을 두드리게 하시면 부인을 다시 볼 수 있을 것입니다."

공이 그 말대로 했다. 용이 부인을 받들고 바다에서 나와 바쳤다. 공이 아내에게 바다 속의 일을 물었다. 수로부인이 대답했다.

"일곱 가지 보물로 꾸민 궁전에 음식은 달고 부드럽고 향기롭고 깔끔하여, 인간 세상의 음식이 아니었습니다."

부인의 옷에도 색다른 향이 배어들어 있었는데, 이 세상에 알려지지 않은 향기였다.

수로부인의 맵시와 낯빛, 시대를 훌쩍 벗어나 있는 아름다움이었다. 깊은 산이나 큰 물가를 지날 적마다 신령한 것[神物]에게 붙들려갔다. 그때마다 뭇 사람이 '바다의 노래'(해가)를 불렀다.

거북아, 거북아! 수로부인을 내놓아라.

남의 아내를 약탈해 간 죄 얼마나 큰가?

네가 만약 거역하고 내다 바치지 않으면

그물을 쳐 잡아서 구워먹으리라.

노인이 바친 〈헌화가〉는 다음과 같다.

자줏빛 바위 가에서
암소 잡은 손 놓게 하시고
나를 부끄러워하지 않으신다면
꽃을 꺾어 바치오리다.

7

【경덕왕과 충담사와 표훈대덕】 (당나라에서) 노자 《도덕경》 등을 보내니, 대왕이 예를 갖추어 이를 받았다. 경덕왕은 24년 동안 나라를 다스렸는데, 오악 삼산의 신들이, 때때로 대궐 뜰에 몸을 나타내 왕을 모셨다.

삼월 삼일, 삼짇날에 왕이 귀정문의 누각에 행차하여 신하들에게 말했다.

"누가 길에 가서 영화로운 옷을 입은 승려 한 분을 찾아 모셔올 수 있겠소?"

이때 마침 위엄을 갖춘 말쑥한 차림의 한 대덕이 느긋하게 길을 걷고 있었다. 신하들이 이것을 보고서 그를 왕에게 데려가 뵙게 하였다. 그러자 왕이 "내가 말하는 영화로운 승려가 아니다" 하고는 그를 물리쳤다.

이때 승복을 입은 사람이 벚나무로 된 통을 메고(일연 주: 혹은 삼태기를 걸머졌다고도 한다) 남쪽에서 오고 있었다. 왕이 그를 보고 기뻐하며 누각 위로 맞아들였다. 짊어지고 있는 통 속을 보니, 차 달이는 도구만 가득 들어 있었다. 왕이 말했다.

"너는 누구냐?"

승려가 대답했다.

"충담."

왕이 물었다.

"어디에서 왔느냐?"

승려가 대답했다.

"소승은 3월 3일과 9월 9일이 되면 늘 차를 달여서 남산 삼화령의 미륵세존께 바쳤소. 오늘도 차를 바치고 왔지요."

왕이 말했다.

"과인 역시 한 사발의 차를 나누어 가질 수 있겠습니까?"

승려가 차를 달여 바쳤는데, 차 맛이 특이하고, 사발 안에서 특이한 향기가 진동했다. 왕이 말했다.

"기파랑을 찬양하는 사뇌가를 스님께서 지었다는데, 그 뜻이 아주 높다는 소리를 짐이 들었습니다. 정말로 그러합니까?"

"암[然]."

"그렇다면, 짐을 위해서 백성을 편안히 하는 노래를 지어주십시오."

승려는 곧바로 왕의 명을 받들어 노래를 지어 바쳤다. 왕이 그를 좋게 여겨 왕사王師로 봉했으나, 승려는 두 번 절하고 굳이 거절하며 받지 않았다. 〈안민가〉는 다음과 같다.

임금은 아버지이고

신하는 자애로운 어머니요

백성은 어리석은 아이로다 하시면
백성이 그 사랑을 알리라.
꾸물거리며 살아가는 중생들에게
이를 먹여 다스릴러라.
이 땅을 버리고 어디 가리오 한다면
나라가 보존될 것임을 알리이다.
아아! 임금답게 신하답게 백성답게 한다면
나라가 태평 하리이다.

〈찬기파랑가〉는 다음과 같다.

우러러보니
또렷한 달이
흰 구름 좇아 떠가는 것 아닌가?
새파란 시냇물에
기파랑의 모습이 있어라.
이르내(은하) 조약돌에서
기파랑이 지니셨던
마음을 따르노라.
아아, 잣나무 가지 드높아
눈서리 이겨낼 화판花判이여.

왕의 음경은 여덟 치였다. 아들이 없어, 왕비(삼모부인)를 폐하고 사량부인으로 봉했다. 후비인 만월부인은 시호가 경수태후로 각간 의충의 딸이다.

하루는 왕이 표훈대덕을 불러 말했다.

"짐이 복이 없어 후사를 두지 못했으니, 대덕께선 상제에게 청해 후사를 얻게 해주시오."

표훈이 올라가 상제에게 고하고, 돌아와 임금에게 아뢰었다.

"상제께서, 딸은 되지만 아들은 마땅치 않다고 하셨습니다."

왕이 말했다.

"딸을 아들로 바꾸어주길 바라오."

표훈이 다시 하늘에 올라 요청했다.

상제가 말했다.

"할 수야 있지. 하지만 남자가 되면, 나라가 위태로울 것이다."

표훈이 지상으로 내려오려 하는데, 천제께서 그를 불러 세운 뒤 말씀하셨다.

"하늘과 사람 사이에는 엄연히 구별이 있다. 그런데 대사가 하늘에 오르기를 마치 이웃 마실 드나들 듯하며 천기를 누설하였으니, 지금 이후로 다시는 하늘로 발길을 하지 말라."

표훈이 내려와서 천제의 말로 깨우치자, 왕이 말했다.

"나라가 비록 위태로워진다 하더라도, 아들을 얻어 뒤를 이을 수만 있다면 상관없소."

얼마 후에 만월왕후가 태자를 낳으니(경덕왕 17년) 왕이 매우 기뻐했다. 태자가 여덟 살이 되었을 때, 왕은 죽었다. 태자가 왕위에 오르니, 이가 바로 혜공대왕이다. 왕이 어린애여서 태후가 섭정하였다. 정치가 이치에 어긋나므로 도적들이 벌떼처럼 일어났다. 하지만 막을 길이 없었다. 표훈 스님의 말이 들어맞은 것이다. 어린 임금은 본래 여자였으나 남자로 바뀌었기 때문에, 돌 때부터 즉위할 때까지도 늘 여자들 놀이를 하고 놀아, 비단 주머니 차는 것을 좋아하고, 도사道士들과 희롱했다. 그래서 나라가 크게 어지러워져, 끝내 왕은 선덕왕과 김양상에게 시해되었다. 표훈 이후로 신라에 성인聖人이 태어나지 않았다고 한다.

【혜공왕】 대력 첫해(766년)에 강주(진주) 관청의 본관 동쪽 땅이 점점 꺼져 세로 열석 자, 가로 일곱 자 크기의 못이 생겼다(일연 주: 어떤 책에는 큰 절 동쪽의 작은 못이라 했다). 갑자기 잉어 대여섯 마리가 생겨났다. 고기들이 커지자 못의 넓이도 따라서 커졌다.

대력 2년 정미년(767년)에 또 천구성(주유성이나 혜성을 말한다)이 동쪽 누대 남쪽에 떨어졌다. 머리는 항아리만 하고 꼬리 길이는 석 자나 되었으며 색은 타는 불빛 같았는데 떨어지는 소리에 천지가 진동했다. 또 이해 금포현(김포)에서 5경頃 넓이의 논에 모두 벼 낟알이 아닌 쌀 낟알 이삭이 피었다. 이해 7월 북쪽 궁 뜰 가운데 먼저 두 개의 별이 떨어지고, 또 하나가 떨어졌는데 모두 땅 속으로 들어갔다. 이보다 앞서 북쪽 궁 뒷간 안에서 두 줄기의 연꽃이 피어나고, 또 봉성사(경주시에 있던 절) 밭 가운데서도 연꽃이 피어났다. 호랑이가 대궐 안에 들어와 뒤쫓았으나 행방을 알 수 없었다. 각간 대공의 집 배나무 위에 참새가 무수히 모여들었다.《안국병법》 하권에 보면 "이런 변고가 있으면 천하의 군대가 매우 어지러워진다"라고 했다. 이런 일이 일어나자 왕이 대사면령을 내리고, 몸을 닦고 반성했다.

7월 3일에 각간(신라 제1등위) 대공이 반란을 일으켜 서라벌과 5도 주군에 속해 있는 96명의 각간들이 서로 싸워 나라가 크게 어지러웠다. 각간 대공의 집이 망하자 그 집에 쌓여 있던 보물과 비단을 왕궁으로 옮겨왔다. 신성(경주 남산)에 있던 장창이 불타자 사량리와 모량리 등에 있던 반역자들의 보물과 곡식도 왕궁으로 실어 날랐다. 난리가 3개월 만에 가라앉으니, 난리로 인해 상을 받은 사람도 많았지만, 죽임을 당한 자는 그 수를 헤아릴 수 없을 정도였다. 표훈이 "나라가 위태로울 것이다"라고 한 것이 바로 이것이었다.

8

【진성여대왕과 거타지】 제51대 진성여왕이 즉위(887년)한 뒤 몇 해가 지나자, 유모인 부호부인과 그의 남편 잡간 위홍 등 서너 명의 총애를 받는 신하들이 권력을 멋대로 휘두르고 정치를 뒤흔들어 도적들이 벌떼처럼 일어났다.

(중략)

왕의 막내아들인 아찬 양패는 당나라에 사신으로 가게 되었는데, 백제의 해적이 진도에서 막고 있다는 소식을 듣고는 활 잘 쏘는 병사 50명을 뽑아 따르게 했다.

배가 곡도(일연 주: 지방에선 '골대도'라 한다)에 닿자, 바람과 파도가 크게 일어 거기서 열흘이나 묵었다. 공公이 걱정이 되어 사람을 시켜 점을 치게 했다.

'섬에 신령한 못이 있으니 거기에 제사를 지내야 한다'는 점괘가 나왔다.

그래서 못에 제물을 차렸는데, 못의 물이 한 길 넘게 솟구쳤다. 그날 밤 꿈에 한 노인이 나타나 공에게 말했다.

"활 잘 쏘는 사람 한 명을 여기에 남겨 두면 순풍을 탈 것입니다."

공은 깨어나 그 꿈을 주위 사람들에게 알리고 물었다.

"누구를 남기면 되겠소?"

사람들이 말했다.

"나무 조각 쉰 개를 만들어 우리들 이름을 써서 바다에 던진 뒤 가라앉는 나무 조각 주인이 남는 게 좋겠습니다."

공이 그렇게 따랐는데, 군사 가운데 거타지란 사람의 이름이 물속으로 가라앉아 그를 남게 했다. 그러자 순풍이 갑자기 불어 배가 막힘없이 나갔다. 거타지가 수심에 잠겨 섬에 서 있는데 갑자기 노인이 못에서 나와 말했다.

"나는 서해의 신 약若이오. 날마다 사미승 한 명이 해 뜰 때 하늘에서 내려와 주문을 외면서 이 못을 세 번 돌면, 우리 부부와 자손들이 모두 물 위로 떠오르지요. 그러면 그는 우리 자손의 간과 창자를 빼 먹는다오. 이제 우리 부부와 딸 하나만 남았소. 내일 아침이면 그가 또 올 테니 그대가 꼭 쏘아주시오."

거타지가 말했다.

"활 쏘는 일이야 내 장기이니 말씀대로 하겠습니다."

노인은 고마워하고는 물속으로 사라졌다.

거타지가 숨어 엎드려 기다렸다. 이튿날 동쪽이 밝아 오자 과연 사미승 한 명이 나타나 전처럼 주문을 외며 늙은 용의 간을 빼먹으려 했다. 이때 거타지가 활을 쏘아 맞히니, 그 사미승은 즉시 늙은 여우로 변해서 땅에 쓰러져 죽었다. 그러자 노인이 나와 고마워하며 말했다.

"공의 덕택으로 내 목숨을 지킬 수 있었으니 내 딸을 그대의 아내로 맞아주시오."

거타지가 말했다.

"따님을 주신 은혜 저버리지 않겠습니다. 진실로 제가 바라는 바입니다."

노인은 딸을 한 송이 꽃으로 바꾸어 거타지의 품속에 넣어주곤, 두 용에게 거타지를 받들고 사신의 배를 따라 잡아, 그 배를 호위하고 당나라로 들어가도록 했다.

당나라 사람들은 용 두 마리가 신라의 배를 등에 지고 들어오는 것을 보자 그 사실을 위에 알렸다.

황제가 말했다.

"신라 사신은 틀림없이 보통 사람이 아닐 것이다."

그래서 당나라 신하들의 윗자리에 앉히고 잔치를 베풀어 금과 비단을 푸짐하게 주었다. 신라로 돌아온 뒤, 거타지가 품에서 꽃을 꺼냈다. 꽃이 여인으로 바뀌었다. 여인은 그와 함께 살았다.

독서토론을 위한 질문 10

1. 단군신화에서 웅녀는 고통과 슬픔을 다 견디고 사람으로 거듭납니다. 단군신화에 담긴 '홍익인간'의 뜻은 무엇일까요?

2. 〈지철로왕(지증왕)〉 이야기에서 "왕의 음경의 길이가 한 자 다섯 치"라고 나옵니다. 이것이 뜻하는 의미는 무엇인지 생각해 보세요.

3. 〈거문고 갑을 쏘아라〉에서는 승려와 궁주(왕비)가 간통하는 이야기가 나옵니다. 여기서 간통의 비유적인 의미는 무엇일까요?

4. 일연은《삼국유사》 이야기 곳곳에서 신라 멸망의 원인을 승려의 타락과 권력욕에 있다고 말합니다. 어떤 이야기 속에 이러한 내용이 담겨 있는지 찾아보세요.

5. 〈원종이 부처님의 법을 일으키고, 염촉이 몸을 바치다〉 이야기에서 이차돈의 죽음에는 어떤 비밀이 숨겨있을까요?

6. 〈진성여대왕과 거타지〉에서는 용이 여우에게 '간을 뜯어 먹히고 창자를 뜯기'는 장면에서 당시 신라의 모습을 알 수 있는데요. 오늘날의 용과 여우는 각각 무엇을 뜻할지 생각을 나눠보세요.

7. 〈경덕왕과 충담사와 표훈대덕〉 이야기에서 인간과 이어져 있던 하늘길이 끊어진 까닭은 무엇일까요?

8. 일연은 〈수로부인〉 이야기를 통해 가장 아름다운 인간의 모습을 말하고 있습니다. 아름다운 사람은 어떤 사람인지, 오늘날의 이상적인 인간상에 대해 생각을 나눠보세요.

9. 만파식적의 소리가 들리면 온갖 근심거리(질병, 전쟁, 자연재해 등)가 사라진다고 합니다. 오늘날 만파식적이 꿈꾸는 세상은 어떤 세상일까요?

10. 《삼국유사》에는 '역사의 뜻은 무엇인가?'에 대한 일연의 답이 들어 있습니다. '역사란 무엇인가?'에 대한 여러분의 생각을 친구들과 함께 나눠보세요.

견명, 회연, 일연

고려의 정신을 책임졌던 불교는 시대착오적이었다. 시대무시였다고 하는 게 더 옳을지도 모른다. 그들은 옛날의 타락을 그리워(?)하며, 막무가내로 무신들에게 대들었다. 몽골에 나라가 반쯤 넘어간 상황에서도 반성하지 않았다. 새로운 기풍을 세워야 한다고 느꼈던 사람들이 일으킨 선불교는 현실에서 얼마쯤 비껴나 있었다. 그들은 결집에 유리하다고 여겼는지 무신 집권자들과 사이가 좋기'만' 했다. 새 정신을 가져오지를 못했다. 지눌(1158~1210년) 스님이 순천 송광사에서 결사문을 반포하고 스님들을 결집해, 불교와 고려에 새로운 기풍을 가져오려 했지만, 바람은 돌개바람이 되지 못했다. 지눌이 세상을 뜨자, 지눌이 피워냈던 바람은 흐느적거리는 바람이 되어버렸다.

지눌이 전라도 순천 송광사에서 돌개바람을 일으키려고 결사를 하고 120일 동안 법회를 열었을 때, 저 멀리 경상도 경산에서 새파란 한 아낙이 꿈을 꾸었다. 밝은 해가 집으로 들어와 사흘 동안이나 아낙의 배를 비추었다. 달이 차자(1206년) 한 아이가 태어났다. 이 땅에 '첫새벽(원효)'이 태어난 지 600년이 다 되어서, 첫새벽 원효(617~686년)가 태어난 바로 그곳에서, 한 아이가 '밝은 해'에 힘입어 태어난 것이다. 이곳은 설총(사람들은 요석공주가 경주 궁전이 아니라, 경산에서 몸을 풀었다고들 말했다)이 태어났던 곳이기도 하다. 나중의 일이지만, 세 성인이 난 곳(원효, 설총, 일연)이라 하여, 이름 없던 산이 '삼성산三聖山'이라는 이름을 갖게 된 곳이다.

밝은 빛이 만들어준 아이이니, 밝음을 보라는 뜻으로 그에게 견명見明이라는 이름을 주었다. 견명은 아홉 살 어린 나이에 공부하러 빛고을 광주 무량사로 떠났다. 첫새벽 원효 역시 아홉 살에 출가를 했는데, 견명도 그랬다. 그는 경상도 경산에서 제 발로 산 넘고 물 건너 전라도 광주를 찾았다. 전라도는 신라 말 이래 새 생명을 탄생키 위해 애쓰던 불교 선종이 뿌리를 내린 곳이었다. 지눌이 결사를 일으켰던 송광사만 해도 전라도 순천에 터를 두었다.

"[중국승] 서당 지장이라는 한 뿌리에서 나온 세 명의 선승이 우리나라 선종의 출발을 앞서거니 뒤서거니 알렸는데, 실상산문이 전라도 남원, 동리산문이 곡성 그리고 가지산문이 장흥에 자리를 잡았다는 데에 또 다른 공통점이 있다. 바로 전라도 땅이다."*

견명은 빛고을 광주 무량사에서 여섯 해를 보았다. 그리고 중1 나이인 열넷이 되었을 때, 또 다른 '밝음을 보기' 위해 다시 길을 떠났다. 선종의 큰 기둥인 가지산문을 처음으로 열어젖혔던 곳이자, 이 땅에서 선종의 첫 씨를 받았던 곳 진전사로 발길(1219년)을 잡았다. 전라도 광주에서 강원도 양양까지 천리 길을 걸어 진전사에 몸을 풀었다.

이곳에서 견명은 구족계를 받고 스님이 되었다. 새로운 이름이 주어졌다. 회연晦然으로 살라고 했다. '그믐밤의 어둠 같다'라는 뜻이다. 빛고을 광주에서 견명으로 살면서 밝음을 넉넉히 보았으니, 이제는 달빛 하나 없는 어둠을 보라는 뜻이었을 게다. 회연(일연)은 설악산 골짜기에서 요즘으로 치면 중고등학생 시기를 수행 공부를 하며 보냈다. 회연은 용맹정진했다. 대학교 3학년 즈음인 스물두 살에 그는 과거시험을 치르러 개경으로 갔다. '밝음을 넓히는 절' 또는 '넓고도 넓은 밝음'이라는 뜻을 가진 광명사廣明寺에서 시험이 실시되었다. 그와 인연이 느껴지는 과거시험장이었다. 밝음은 그의 태몽과 관계가 있지 않던가? 그는 승과에 장원 급제했다. 공부의 큰 문턱을 넘어선 것이다.

* 고운기 지음, 《삼국유사, 글쓰기 감각》(현암사, 2010), 112쪽.

승과에 합격한 뒤, 회연은 또다시 길을 떠났다. 그의 발길은 경상도 달성 비슬산(당시 포산)에서 멈추었다. 그의 탯자리가 있는 경산 근처였다. 경산엔 젊어 혼자가 된, 30줄에 있어 여전히 젊은 어머니가 살고 계셨다. 아홉 살에 공부하기 위해 어머니를 뚝 잡아떼고 떠났던 견명이, 회연이 되어 어머니 근처로 온 것이다. 어머니와 너무 멀지도, 너무 가깝지도 않은 곳에서 회연은 줄기차게 수행했다.

비슬산에 들어 수행한 지 몇 년 안 되어 고려에도 회연에게도 크나큰 일이 터졌다. 아시아 전 대륙을 피로 칠했던 몽골이 고려를 침략해 온 것이다. 1차와 2차에 이어, 3차 침입을 해왔다. 3차 침입은 앞선 두 번보다 비교할 수 없이 잔인하고 야만적이었다. 1235년부터 시작된 침입은 5년간 계속되었다. 고려 정부는 강화도로 피난가야 했고, 몽골군은 계속 말발굽으로 이 땅과 백성을 짓뭉개며 경상도, 전라도까지 치달렸다. 말을 하도 오래 타 말[馬]과 구별이 되지 않던 몽골군은, 말이 되어 대장경에 불을 붙였다. 고려의 전 국토를 유린했다. 사람이 한 짓이 아니었다. 온통 날뛰는 말이 되어버린 작자들이 한 짓이었다.

죽음의 공포가 왈칵 달려들었다. 어둠뿐이었다. 대장경에서 불꽃이 타오르는데, 이제껏 없던 어둠이 세상을 뒤덮었다. 이제야말로 회연에게, 그의 이름 그대로 '그믐밤의 어둠'이 덮쳐온 것이다. 어둠 속에서 밝음을 보려 했지만, 밝음은 어디에도 없었다. 승과에 장원 합격을 안겨주었던 공부는, 밝음을 보여주지 못했다.

어둠 속에서 밝음을 보는 지혜가 있어야만 했다. '그믐밤의 어둠'인 회연은 문수보살에게 주문을 외워대며 매달렸다. 그러던 어느 날 문수보살이 벽 사이에서 나타나 말했다.

"무주북無住北!"

알 듯 모를 듯한 말이었다. 무주無住란 '머묾이 없음'이란 뜻인데, 불교 선종 역사에서 가장 중요한 분인 6조 혜능대사가 5조 홍인으로부터 인가를 받으면서, 5조에게서 듣고 홀연히 깨친 말의 한 자락이다. "마땅히, 머무는 바가 없이 그 마음을 살아있게 하라[應無所住而生其心]", 그 말인가?

'머문다'는 것은 집착한다는 뜻이다. 황룡사 9층탑, 고려대장경에 회연이 집착했다는 뜻인가? 아니면 몽골 병사의 손에 놓이게 된 회연 자신의 목숨에 집착했다는 소리인가? 죽고 싶지 않다, 이 마음이 그를 온통 지배했을지도 모르겠다. 그렇다면 지금껏 그가 한 공부는 다 헛짓이었단 소리가 된다.

그건 그렇고, '무주'에 '북北'은 또 왜 붙어 있는가? 가을이 다 가고, 다음 해 봄이 다 지나가는데도 회연은 문수보살의 말을 알아차리지 못했다. "여름이 되어 다시 그 산에 있는 묘문암에 거처를 잡았다." 묘문암이라는 이름대로, 그에게 '묘한 문'이 되어주기를 바랐을 것이다. 어느 날 그는 "묘문암 북쪽에 자그마한 암자가 있는데, '무주無住'라 한다"는 소리를 들었다. 순간 문수보살의 말이 떠올랐다. 잽싸게 그곳으로 갔다. 가서 머무는데, 갑자기 한 생각이 솟구쳐 올라왔다.

'머묾이 없는 곳에 머문다!' 이 무슨 뚱딴지인가? 문수보살은 결국 그에게 '머묾이 없는 곳에 머문다!'를 풀라고 한 것이었나? 회연은 말이 안 되는 말을 붙들었다. 한 소리가 가슴 깊은 곳으로부터 올라왔다. 머묾이 없다는 것과 머문다는 것은 모순인가? 이게 모순이라면, 늘 외웠던《반야심경》의 "모든 것은 확고하게 있다고 할 수 없는 것이어서, 생겨나지도 없어지지도 않고, 더러워지지도 깨끗케 되지도 않는다[諸法空相 不生不滅 不垢不淨]"도 말이 안 되기는 마찬가지가 아닌가? '청정한 세계가 늘어날 수 없고, 번뇌 가득한 세계가 줄어들 수 없다면' 수행은 해서 뭐하나 하는 생각이 들었다. 이 세계건 저 세계건, 지금이건 내일이건, 영원히 희망이 없는 것이 아닌가? 이런 세계에서 수행을 하고 있는 것 자체가 모순이 아닌가?

늘 외우던 말이고 하던 말인데 갑자기 안개에 싸인 말이 되어버렸다. 회연은 그때껏 말의 거죽만 핥았을 뿐, 말의 속살을 맛보지 못했다는 것을 인정하지 않을 수 없었다. 그야말로 어둠이었다. 몽골의 말발굽이 짓이겨서 만든 어둠보다 더 깜깜하고 참담한 어둠이었다. "무주無住에 머물라!"라는 문수보살의 말에 빛 한 점 비치지 않았다.

햇빛이 쨍쨍 내리 쏟는 날이었다. '그믐밤의 어둠'인 회연은, 어둠의 정체가 무엇인지를 '밝히 보는' 견명으로 되돌아가고야 말겠다는 서원을 세웠다. "생계불멸生界不滅 불계부증佛界不增"을 화두로 삼았다. "생계生界, 즉 현상적이고 번뇌 가득한 세계는 줄지 않고 불계佛界, 즉 본질적이고 청정한 세계는 늘지 않는다[生界不滅 佛界不增]"는데, 이 말의 뜻은 무엇인가? 깨치든지, 죽든지. 회연은 불퇴전의 용맹정진에 들어갔다.

그 해가 다 가기 전에 회연은 자리를 털고 일어섰다. 그러곤 하늘과 땅이 울리는 소리를 뿜어냈다.

"오늘 나는 삼계三界* 가 환각과 같고 꿈과 같음을 알았다. 그리고 이 땅에 터럭 하나만한 장애도 없음을 보았다."

모든 게 꿈결 속에서 일어나는 일이니 꿈을 깨면 그만이다. 그러니 장애가 있을 리 없다. 깨치지 않고, 보지 않은 사람이 말하면 사기꾼이 되는 말이다. 하지만 그는 보았고, 깨쳤다. 그것의 진실성은 이제부터의 그의 삶이 증거가 될 것이다. 터럭조차도 걸리지 않는 자유로운 사람이 그에게서 나타나야 한다.

* 어리석은 중생이 빠져있는 세 단계의 세계다. 관능과 감각만을 전부로 아는 욕계欲界, 관능은 초월했지만 아직 형태에 대한 생각이 남아 있는 색계色界, 모든 형태를 초월한 순수 이념의 세계만을 인정하는 무색계無色界가 그것이다. 선종이 발달했던 우리나라와 중국에서는 삼계를 반드시 뛰어넘어야 할 정신적인 영역으로 봤다. 원효는《대승기신론소大乘起信論疏》에서, 삼계가 오직 한마음[一心]에서 비롯되는 것임을 밝혔다.

불에 타버린 황룡사와 9층탑을 떠올리고, 삼국시대부터 고려까지 불교인의 땀방울이 모여 이루어 낸 대장경이 불쏘시개가 된 사건이 떠올라도 미동도 하지 않았다. 몽골 병사의 칼날은 잎사귀에 이는 바람이었다. 깊은 고요가 그의 온 몸을 휘돌아 흘러나왔다. 몽골의 말이, 그냥 말로 보였다. 과거시험에 합격했을 때와는 차원이 다른 세계가 열렸다. 죽음의 공포와 욕망에 의한 집착을 벗어난 눈으로 세상을 보았다. 그 세상은 달랐다.

"비로소 깨달았네! 천지, 특별히 땅이 평평함을[始覺乾坤特地平]."

이것은 그가 황룡사를 두고 읊은 말인데, 깨침 이후 스님의 골수가 드러난 구절임에 틀림없다. 그는 다시 비슬산으로 들어갔다. 수행 중에 그는 공책을 마련(《삼국유사》 연구에 일생을 바치고 있는 고운기 선생의 추정이다)했다. 이 땅 사람들에게서 오래전부터 내려오던 이야기를 글로 옮겼다. 그런 이야기들이 불에 타버린 황룡사와 9층탑 그리고 고려대장경을 대신이라도 할 수 있는 양, 그는 빈 공책을 빼곡히 채웠다. 40년을 넘게 한마음으로 그것을 메꾸었다, 황룡사의 빈 터에 다시 9층탑을 쌓아올리듯 채워나갔다.

깨침 이후의 스님을 단적으로 보여주는 게 있다. 언제부턴가 새로운 이름이 스님을 지시했다. 일연一然! '견명의 빛'과 '회연의 어둠'이 함께 하는 '일연'으로 살았기에, 그에게 그런 이름이 붙었다. 그에게는 선종과 교종이 하나가 되어 있었고, 역사와 문학이 하나가 되어 있었고, 불교와 유학이 하나가 되어 있었고, 출가와 재가가 하나가 되어 있었다.

언어를 낮춰보는 선종 스님인데 100여 권의 책을 지었고, 스님이면서 유교 경전과 역사책을 놀랄 정도로 많이 보고 많이 인용했으며, 국사國師로서 개경에 머물러야 했음에도 1년 만에 경상도 군위 촌구석으로 내려와 서울과 촌구석의 경계를 허물어 버렸으며, 출가한 스님인데 늙은 어머니를 모시고 살아 출가와 재가의 차별을 없애 버렸다. 만날 수 없을 것 같은 사실과 허구를, 역사와 문학을 완벽히 버무려《삼국유사》로 내어놓았다.

이름 그대로 '일연'이 아닌가!

"일연은 부서질 수 없고 불에 탈 수 없는 것들에 관해 썼다." 부서지고 불에 타 버린 것을 가지고! "이것이 당대의 야만에 맞서는 그(일연)의 싸움이었다." 작가 김훈의 말이다.

일연과 그의 시대 연보

1145년 김부식《삼국사기》편찬

1170년 무신정변

1197년 최충헌, 명종을 폐위하고 신종을 세움

1198년 만적이 중심이 되어 개경의 노비들 봉기

1200년 경상도 진주의 노비들이 봉기, 남송 주희 사망(1130~)

1202년 탐라에서 반란 일어남. 경주, 울진, 운문에서 신라부흥운동 일어남

1204년 희종 즉위. 십자군이 (동)로마의 수도 콘스탄티노플 점령

1206년 견명(일연) 태어남. 칭기즈칸 몽골 통일

1214년 견명이 광주 무량사로 공부하러 감

1219년 견명이 강원도 양양의 진전사에서 계를 받고 출가. 년도는 불분명하지만, 이후에 회연이라는 이름을 받음. 몽골 서아

시아를 침략하기 시작함

1227년 회연이 승과 과거에 합격. 대구 비슬산(당시 포산)에서 수행

1229년 몽골 오고타이가 2대 칸(황제)에 즉위

1231년 몽골의 제1차 침입

1232년 몽골의 제2차 침입. 고려 강화도로 도읍을 옮김. 몽골군은 고려 정부에 대해 개경환도를 요구하며 경상도까지 남하하여 약탈과 파괴를 자행함. 이때 초조대장경 불탐. 이해 12월에 처인성에서 김윤후가 부곡민을 지휘하여 적장 사르타이를 사살하자, 몽골군은 서둘러 철수함

1234년 고려 세계 최초로 금속활자로 책 간행(《상정고금예문》, 전하지 않음) 몽골 금나라를 멸망시킴

1235년 몽골의 제3차 침입(~1239). 이 침입은 이전의 몽골 패배에 대한 보복적인 성격을 띠어, 전라도까지 침공해 전 국토를 유린하였으며, 5년에 걸쳐 장기간 계속됨

1236년 8만 대장경 조판을 시작함. 회연, 무주無住암에서 "생계불멸 불계부증生界不滅 佛界不增"을 화두로 삼고 용맹정진에 들어감. 같은 해 깨치고서, "오늘 나는 삼계三界가 환각과 같고 꿈과 같음을 알았다. 그리고 이 땅에 터럭 하나만한 장애도 없음을 보았다"라고 외침

1238년 몽골군이 황룡사와 황룡사 9층탑 불태움

1239년 몽골군 철수

1248년 제6차 십자군 원정 시작(~1254)

1249년 일연, 정안의 초대로 남해에 있는 정림사 주지가 됨

1253년 몽골 4차 침입. 몽골 티베트 점령

1256년 일연, 남해 길상암에서《중편조동오위》집필

1258년 최씨 무신정권 붕괴

1259년 고려 원종 즉위

1260년《중편조동오위》간행. 몽골 쿠빌라이(세조) 즉위

1261년 일연 원종의 부름을 받고 강화도에 감

1264년 고려 원종이 몽골의 세조를 예방하러 연경에 감

1268년 임금의 명으로 일연이 운해사에서 대장낙성회를 주관함

1270년 고려 정부 개경으로 돌아옴. 배중손 등이 삼별초를 이끌고 몽골에 저항하기 시작

1274년 충렬왕 즉위. 고려 몽골 연합군 제1차 일본 침략 실패

1277년 임금의 명으로 일연 운문사로 옮김

1278년 일연, 인흥사에서《역대 연표》를 간행

1281년 임금의 부름을 받고 경주행재소에 감. 고려 몽골 연합군 제2차 일본 침략 실패

1282년 임금이 불러 일연 개성 광명사로 옮김

1283년 국존(국사國師의 의미)으로 추대됨

1284년 일연이 어머니를 모셔야 한다며 인각사로 내려옴

1285년 《삼국유사》 완성 추정

1287년 이승휴《제왕운기》 지음

1289년 일연, 인각사에서 입적. 안향이 원나라의 유학제거(원나라가 고려에 설치했던 관직으로, 학교·제사·교양·저술 등의 일을 관장하며, 안향이 최초로 이 자리에 임명되었다. 그 뒤에도 이색 등 고려의 명망 있는 문신이 이 자리에 오름)가 됨

1295년 민지가 지은 일연의 일대기를 왕희지의 글씨를 모아 빗돌(보각국사비)에 새김

1392년 고려 멸망, 조선 건국

《삼국유사》의 체계

13세기는 전 세계가 전쟁 중이었다. 고려는 몽골의 침략 앞에 온 백성과 땅이 유린을 당했다. 그때 일연 스님은《삼국유사》를 썼다. 《삼국유사》는 아홉 편, 왕력·기이·흥법·탑상·의해·신주·감통·피은·효선으로 구성되어 있으며, 총 138조목으로 되어 있다.

〈왕력〉은 신라·고구려·백제·가락까지 네 나라, 통일 신라, 후삼국 왕들에 관한 간략한 연표이고, 나머지 여덟 편은 각각 그 주제에 맞는 이야기를 담고 있다. 〈기이〉는 신이神異한 이야기를 기록한다는 뜻이다. 〈기이〉 편엔 서문에 해당하는 글과 고조선부터 후삼국까지의 역사를 담은 이야기가 59조목 실려 있다. 일연 스님의 역사관이 흠뻑 들어있는 편이다.《삼국사기》와 동일한 시대를 다루고 있지만, 그 시대를 바라보는 일연 스님의 눈은《삼국사기》의 편찬자인 김부식과 많이 다르다.

〈흥법〉 편부터는 불교에 관한 것을 담고 있다. 〈흥법〉은 '법(불교)을 일으킴'이라는 뜻으로, 삼국의 불교 수용과 그 발자취를 6조목으로 서술했다. 〈탑상〉에선 탑과 불상의 조성과 그에 관한 이야기를 31조목으로 실었으며, 〈의해〉, 즉 '올바름을 푼다' 편에서는 원효·의상·원광 등 신라의 고승과 재가불자들에 대한 전기를 14조목으로 알렸다. 〈신주〉는 '신이한 주문'이라는 뜻인데, 신이한 일을 행한 스님 세 분을 3조목에 담았으며, 〈감통〉엔 신앙의 신령스러움과 그 감응에 관한 이야기를 10조목 실었다. 〈피은〉은 세속을 떠나 숨어산다는 뜻인데, 그렇게 사는 분들에 관한 행적을 10조목으로 알리고 있다. 마지막으로 〈효선〉 편인데, 효와 선행을 한 분들에 관한 이야기를 5조목으로 밝혔다.

《삼국유사》 마지막 편을 〈효선孝善〉으로 끝낸 것은 의미심장하다. 효는 유교의 이념이고, 선은 불교의 이념이기 때문이다. 유교와 불교의 혼융이 바른 길이라고 여겨서 그런 것일까? 그 길만이 참혹한 시대를 구원할 수 있다고 여겼기 때문일지 모르겠다. 사실 스님은 상당히 유교적이었다. 법흥왕을 기리는 시에서, 스님이 다음처럼 읊은 것만 봐도 알 수 있다.

> 부처바퀴(法輪) 풀려 삿된 것 물러나니, 거룩한 임금바퀴(金輪) 구르네
>
> 요·순堯舜 해(日) 막 오른다, 부처 해 중천에 떴어라.

요·순은 유교에서 이상적인 임금으로 여기는 분인데, 불교 진흥에 획기적인 구실을 한 법흥왕이 그런 임금이 될 것이라고 말하고 있지 않은가!

스님이 역사책을 썼다는 것도 유교적이라고 할 수 있다. 불교가 윤회를 말한다면, 유교는 역사에 의한 심판'을 말한다. 유교의 신神은 역사이다. 물론 스님의 붓은 여느 유학자와는 달랐다. 부처님의 제자로서의 자세를 잃지 않았다. 그런 점에서 스님은 불교와 유교의 융합을 이루려 했고, 이룬 분임에 틀림없다. 《삼국유사》 마지막 편을 〈효선孝善〉으로 끝낸 까닭이리라.

'우리 모듬살이의 얼굴'을 발견할 수 있는 길이 《삼국유사》에 있다고 여긴다.

참고문헌

도서

고운기,《삼국유사 글쓰기 감각》, 현암사, 2010.

구대열,《삼국통일의 정치학》, 까치, 2010.

김기흥,《천년의 왕국 신라》, 창작과비평사, 2000.

김당택,《고려의 무인정권》, 국학자료원, 1999.

김부식 지음, 신호열 역해,《삼국사기》, 동서문화사, 2007.

김상일 번역, "성덕대왕신종 명문", 성낙주 지음,《에밀레종의 비밀》, 푸른역사, 2008.

김상영 등 편저,《보각국사 일연 문헌자료집》, 군위군, 2012.

김호동,《몽골제국과 고려》, 서울대출판문화원, 2007.

버튼 워슨 지음, 박혜숙 옮김,《위대한 역사가 사마천》, 한길사, 1995.

서영교,《신라인 이야기》, 살림, 2009.

설중환,《다시 읽는 단군신화》, 정신세계사, 2009.

성낙주 지음,《에밀레종의 비밀》, 푸른역사, 2008.

이도흠,《신라인의 마음으로 삼국유사를 읽는다》, 푸른역사, 2000.

이성규 편역,《사기》, 서울대출판부, 1996.

이어령,《이어령의 삼국유사 이야기》, 서정시학, 2006.

이우성,《한국중세사회연구》, 일조각, 1991.

이윤기,《꽃아 꽃아 문열어라》, 열림원, 2007.

이재호 옮김,《삼국유사 1》, 솔, 2002.

이종문,《인각사 삼국유사의 탄생》, 글항아리, 2010.

이희진,《전쟁의 발견》, 동아시아, 2004.

일연 지음, 이동환 교감,《삼국유사》, 민족문화추진회, 1982.

일연 지음, 김원중 옮김,《삼국유사》, 민음사, 2007.

일연 지음, 박성규 옮김,《규장각본 완역 삼국유사》, 서정시학, 2009.

일연 지음, 이상호 옮김,《삼국유사》(영인본), 아름출판공사, 1959.

조용진,《동양화 읽는 법》, 집문당, 1989.

함석헌,《뜻으로 본 한국역사》, 한길사, 2003.

도판 출처

208쪽 금동제관음보살입상: 국립중앙박물관 소장, www.museum.go.kr

208쪽 논산 관촉사 석조미륵보살입상: 문화재청, www.heritage.go.kr

184쪽 오노레 도미에, 가르강튀아: www.wikipedia.org

186쪽 외젠 들라크루아, 민중을 이끄는 자유의 여신: www.wikipedia.org